# LGPD

## DA TEORIA À IMPLEMENTAÇÃO NAS EMPRESAS

Cleize Kohls
Luiz Henrique Dutra
Sandro Welter

2ª EDIÇÃO

# LGPD

## DA TEORIA À IMPLEMENTAÇÃO NAS EMPRESAS

EDITORA RIDEEL
Quem tem Rideel tem mais.

**EXPEDIENTE**

Fundador **Italo Amadio (*in memoriam*)**
Diretora editorial **Katia Amadio**
Editoras **Janaína Batista**
**Mayara Sobrane**
Editora Assistente **Mônica Ibiapino**
Projeto gráfico **Sergio A. Pereira**
Diagramação **Textos & Livros**

**Dados Internacionais de Catalogação na Publicação (CIP)**
**Angélica Ilacqua CRB-8/7057**

Kohls, Cleize
LGPD : da teoria a implementação nas empresas / Cleize Kohls, Luiz Henrique Dutra, Sandro Welter. – 2. ed. – São Paulo : Rideel, 2022.

ISBN 978-65-5738-745-0

1. Proteção de dados - Legislação - Brasil 2. Brasil. [Lei geral de proteção de dados pessoais (2018)] I. Título II. Dutra, Luiz Henrique III. Welter, Sandro

22-3249 CDD 342.810858
CDU 343.45(81)

Índice para catálogo sistemático:
1. Proteção de dados : Legislação : Brasil



EDITORA RIDEEL

Av. Casa Verde, 455 – Casa Verde
CEP 02519-000 – São Paulo – SP
e-mail: sac@rideel.com.br
www.editorarideel.com.br



1 3 5 7 9 8 6 4 2
0 7 2 2

# AGRADECIMENTOS


Agradeço à minha família e aos meus amigos
por acreditarem nos meus projetos e sonhos.

**Cleize Carmelinda Kohls**

Agradeço aos meus familiares por estarem ao meu lado sempre me apoiando,
tanto no âmbito pessoal quanto no profissional.

**Luiz Henrique Dutra**

Agradeço ao Professor Ike por ter me convidado a participar
deste projeto inspirador e à minha esposa, Larissa Welter,
por todo o seu apoio neste processo e em toda a minha vida.

**Sandro Welter**

# SOBRE OS AUTORES

## CLEIZE CARMELINDA KOHLS

Mestra em Direito, na linha de pesquisa de Constitucionalismo Contemporâneo, pela Universidade de Santa Cruz do Sul - UNISC. Professora no curso de Direito e na pós-graduação *lato sensu* na Universidade de Santa Cruz do Sul - UNISC. Professora de curso preparatório para o Exame de Ordem e concursos no Centro de Ensino Integrado Santa Cruz - CEISC. Coordenadora da Pós-graduação em Direito e Processo do Trabalho e da Pós-graduação em Direito Previdenciário do CEISC-UNISC. Advogada.

## LUIZ HENRIQUE DUTRA

Mestre em Direito Constitucional. Especialista em Direito Constitucional. Especialista em Direito do Trabalho e Direito Processual do Trabalho. MBA - Identidade Empresarial. Coordenador da Pós-graduação em Direito e Processo do Trabalho e da Pós-graduação em Direito Previdenciário do CEISC-UNISC. Advogado.

## SANDRO WELTER

Bacharel em Ciências da Computação pela Universidade Regional de Blumenau - FURB. Especialista em Recursos Humanos e Gestão de Projetos. Trabalhou por 18 anos na Senior Sistemas, uma das maiores empresas de tecnologia do Brasil. Consultor de projetos de transformação digital e adequação à LGPD.

# PREFÁCIO

Sem sombra de dúvidas, o atual momento traz a chegada de um novo movimento, ou seja, faz-se necessária a adaptação de todos, tendo em vista o anúncio da quarta revolução industrial – revolução digital 4.0.

As mais diversas áreas do comércio, da indústria e do serviço, notavelmente, passarão, necessariamente, por uma adequação em suas atividades. E, entre essas necessidades, por meio dessa revolução digital e automatizada, o tratamento dos dados dos clientes, fornecedores e parceiros torna-se estritamente necessário.

Assim, com a aprovação, no Brasil, da Lei Geral de Proteção de Dados (LGPD), certamente o primeiro passo foi concedido com a finalidade de buscar o equilíbrio entre a revolução digital 4.0 e a privacidade dos dados pessoais dos *players* participantes do mercado econômico.

Deve-se reparar que a governança dos dados pessoais e as condutas de boas práticas deverão ser prioridade para todas as empresas. Manipular com cuidado os dados dos clientes, os quais pertencem ao íntimo destes, deverá ser questão de honra e direito fundamental.

Portanto, diante do contexto atual, o dever de conformidade com a LGPD deverá ser obrigatório, não sendo mais aceitável o tratamento indiferente e/ou descomprometido com os dados pessoais dos clientes.

Por fim, nesta excelente obra, os autores buscaram identificar as premissas básicas da Lei Geral de Proteção de Dados e ensaiaram contornos práticos de aplicação desse diploma legal, consubstanciando livro elementar para todos os estudantes, advogados, empresários e analistas de sistemas que desejam compreender algo a mais sobre a LGPD.

**Guilherme Pedrozo da Silva**

Advogado, professor e autor de diversas obras jurídicas

# SUMÁRIO

# TÍTULO I
# DA TEORIA DA LGPD

# 1. DISPOSIÇÕES INICIAIS

Embora muitas pessoas tenham o pensamento de que a regulamentação de dados no Brasil somente teve início com a Lei Geral de Proteção de Dados (LGPD), importante destacar que esse não é um tema novo na Legislação.

Mesmo que de maneira esparsa, a Constituição Federal, o Código Civil, o Código de Processo Penal e o Marco Civil da Internet (Lei nº 12.965/2014) já previam a proteção de dados, conforme transcrição de alguns dispositivos legais:

> **Art. 5º da CF:** Todos são iguais perante a lei, sem distinção de qualquer natureza, garantindo-se aos brasileiros e aos estrangeiros residentes no País a inviolabilidade do direito à vida, à liberdade, à igualdade, à segurança e à propriedade, nos termos seguintes:
>
> (...)
>
> X – são invioláveis a intimidade, a vida privada, a honra e a imagem das pessoas, assegurado o direito a indenização pelo dano material ou moral decorrente de sua violação;
>
> XI – a casa é asilo inviolável do indivíduo, ninguém nela podendo penetrar sem consentimento do morador, salvo em caso de flagrante delito ou desastre, ou para prestar socorro, ou, durante o dia, por determinação judicial;
>
> XII – é inviolável o sigilo da correspondência e das comunicações telegráficas, de dados e das comunicações telefônicas, salvo, no último caso, por ordem judicial, nas hipóteses e na forma que a lei estabelecer para fins de investigação criminal ou instrução processual penal;
>
> (...)
>
> LX – a lei só poderá restringir a publicidade dos atos processuais quando a defesa da intimidade ou o interesse social o exigirem;
>
> (...).
>
> **Art. 20 do CC:** Salvo se autorizadas, ou se necessárias à administração da justiça ou à manutenção da ordem pública, a divulgação de escritos, a transmissão da palavra, ou a publicação, a exposição ou a utilização da imagem de uma pessoa poderão ser proibidas, a seu requerimento e sem prejuízo da indenização que couber, se lhe atingirem a honra, a boa fama ou a respeitabilidade, ou se se destinarem a fins comerciais. (*Vide* ADIN 4815)
>
> Parágrafo único. Em se tratando de morto ou de ausente, são partes legítimas para requerer essa proteção o cônjuge, os ascendentes ou os descendentes.
>
> **Art. 21 do CC:** A vida privada da pessoa natural é inviolável, e o juiz, a requerimento do interessado, adotará as providências necessárias para impedir ou fazer cessar ato contrário a esta norma.

> **Art. 201 do CPP:** Sempre que possível, o ofendido será qualificado e perguntado sobre as circunstâncias da infração, quem seja ou presuma ser o seu autor, as provas que possa indicar, tomando-se por termo as suas declarações.
>
> (...)
>
> § 6º O juiz tomará as providências necessárias à preservação da intimidade, vida privada, honra e imagem do ofendido, podendo, inclusive, determinar o segredo de justiça em relação aos dados, depoimentos e outras informações constantes dos autos a seu respeito para evitar sua exposição aos meios de comunicação.
>
> **Art. 7º da Lei nº 12.965/2014:** O acesso à internet é essencial ao exercício da cidadania, e ao usuário são assegurados os seguintes direitos:
>
> (...)
>
> X – exclusão definitiva dos dados pessoais que tiver fornecido a determinada aplicação de internet, a seu requerimento, ao término da relação entre as partes, ressalvadas as hipóteses de guarda obrigatória de registros previstas nesta Lei;
>
> (...).
>
> **Art. 16 da Lei nº 12.965/2014:** Na provisão de aplicações de internet, onerosa ou gratuita, é vedada a guarda:
>
> I – dos registros de acesso a outras aplicações de internet sem que o titular dos dados tenha consentido previamente, respeitado o disposto no art. 7º; ou
>
> II – de dados pessoais que sejam excessivos em relação à finalidade para a qual foi dado consentimento pelo seu titular.

Vale ressaltar que a edição de uma lei específica sobre o tema, que já vinha sendo discutida há oito anos no Congresso Nacional, tornou-se improtelável com a eficácia do GDPR (*General Data Protection Regulation*; em português: Regulamento Geral de Proteção de Dados) na União Europeia. O GDPR é um regulamento do direito europeu que unificou as leis de privacidade de dados em toda a Europa e tem como principal objetivo a proteção de todos os cidadãos europeus da violação de dados e de sua privacidade, estabelecendo regras e sanções, que serviram de base para muitos artigos da lei brasileira (TEIXEIRA; ARMELIN, 2020, p. 28).

É igualmente importante destacar tanto o objeto quanto os objetivos (art. 1º) e os princípios (art. 5º) da GDPR:

> **Artigo 1º**
>
> **Objeto e objetivos**
>
> 1. O presente regulamento estabelece as regras relativas à proteção das pessoas singulares no que diz respeito ao tratamento de dados pessoais e à livre circulação desses dados.

2. O presente regulamento defende os direitos e as liberdades fundamentais das pessoas singulares, nomeadamente o seu direito à proteção dos dados pessoais.
3. A livre circulação de dados pessoais no interior da União não é restringida nem proibida por motivos relacionados com a proteção das pessoas singulares no que respeita ao tratamento de dados pessoais.

**Artigo 5º**

**Princípios relativos ao tratamento de dados pessoais**

1. Os dados pessoais são:

a) Objeto de um tratamento lícito, leal e transparente em relação ao titular dos dados ("licitude, lealdade e transparência");

b) Recolhidos para finalidades determinadas, explícitas e legítimas e não podendo ser tratados posteriormente de uma forma incompatível com essas finalidades; o tratamento posterior para fins de arquivo de interesse público, ou para fins de investigação científica ou histórica ou para fins estatísticos, não é considerado incompatível com as finalidades iniciais, em conformidade com o artigo 89.º, n.º 1 ("limitação das finalidades");

c) Adequados, pertinentes e limitados ao que é necessário relativamente às finalidades para as quais são tratados ("minimização dos dados");

d) Exatos e atualizados sempre que necessário; devem ser adotadas todas as medidas adequadas para que os dados inexatos, tendo em conta as finalidades para que são tratados, sejam apagados ou retificados sem demora ("exatidão");

e) Conservados de uma forma que permita a identificação dos titulares dos dados apenas durante o período necessário para as finalidades para as quais são tratados; os dados pessoais podem ser conservados durante períodos mais longos, desde que sejam tratados exclusivamente para fins de arquivo de interesse público, ou para fins de investigação científica ou histórica ou para fins estatísticos, em conformidade com o artigo 89.º, n.º 1, sujeitos à aplicação das medidas técnicas e organizativas adequadas exigidas pelo presente regulamento, a fim de salvaguardar os direitos e liberdades do titular dos dados ("limitação da conservação");

f) Tratados de uma forma que garanta a sua segurança, incluindo a proteção contra o seu tratamento não autorizado ou ilícito e contra a sua perda, destruição ou danificação acidental, adotando as medidas técnicas ou organizativas adequadas ("integridade e confidencialidade");

2. O responsável pelo tratamento é responsável pelo cumprimento do disposto no n. 1 e tem de poder comprová-lo ("responsabilidade").

Já, no Brasil, a LGPD (Lei nº 13.709/2018, alterada pela Lei nº 13.853/2019), que teve como texto base a GDPR, conforme consta em seu primeiro artigo, dispõe sobre o tratamento de dados pessoais, inclusive nos meios digitais, por pessoa natural ou por pessoa jurídica de direito público ou privado, com o objetivo de proteger os direitos fundamentais de liberdade e de privacidade e o livre desenvolvimento da personalidade da pessoa natural[1].

Assim, a proteção de dados é voltada apenas para a personalidade das pessoas naturais, não sendo aplicada a proteção de dados de pessoas jurídicas. E o tema da personalidade da pessoa natural é explicado no Código Civil, em seus arts. 11 a 21 Nesse sentido, entendemos ser importante a transcrição completa do Capítulo II do Código Civil:

**CAPÍTULO II**
**Dos Direitos da Personalidade**

**Art. 11.** Com exceção dos casos previstos em lei, os direitos da personalidade são intransmissíveis e irrenunciáveis, não podendo o seu exercício sofrer limitação voluntária.

**Art. 12.** Pode-se exigir que cesse a ameaça, ou a lesão, a direito da personalidade, e reclamar perdas e danos, sem prejuízo de outras sanções previstas em lei.

Parágrafo único. Em se tratando de morto, terá legitimação para requerer a medida prevista neste artigo o cônjuge sobrevivente, ou qualquer parente em linha reta, ou colateral até o quarto grau.

**Art. 13.** Salvo por exigência médica, é defeso o ato de disposição do próprio corpo, quando importar diminuição permanente da integridade física, ou contrariar os bons costumes.

Parágrafo único. O ato previsto neste artigo será admitido para fins de transplante, na forma estabelecida em lei especial.

**Art. 14.** É válida, com objetivo científico, ou altruístico, a disposição gratuita do próprio corpo, no todo ou em parte, para depois da morte.

Parágrafo único. O ato de disposição pode ser livremente revogado a qualquer tempo.

**Art. 15.** Ninguém pode ser constrangido a submeter-se, com risco de vida, a tratamento médico ou a intervenção cirúrgica.

---

1 Art. 1º do CC: Toda pessoa é capaz de direitos e deveres na ordem civil.
Art. 2º do CC: A personalidade civil da pessoa começa do nascimento com vida; mas a lei põe a salvo, desde a concepção, os direitos do nascituro.

**Art. 16.** Toda pessoa tem direito ao nome, nele compreendidos o prenome e o sobrenome.

**Art. 17.** O nome da pessoa não pode ser empregado por outrem em publicações ou representações que a exponham ao desprezo público, ainda quando não haja intenção difamatória.

**Art. 18.** Sem autorização, não se pode usar o nome alheio em propaganda comercial.

**Art. 19.** O pseudônimo adotado para atividades lícitas goza da proteção que se dá ao nome.

**Art. 20.** Salvo se autorizadas, ou se necessárias à administração da justiça ou à manutenção da ordem pública, a divulgação de escritos, a transmissão da palavra, ou a publicação, a exposição ou a utilização da imagem de uma pessoa poderão ser proibidas, a seu requerimento e sem prejuízo da indenização que couber, se lhe atingirem a honra, a boa fama ou a respeitabilidade, ou se se destinarem a fins comerciais. (*Vide* ADIN 4815)

Parágrafo único. Em se tratando de morto ou de ausente, são partes legítimas para requerer essa proteção o cônjuge, os ascendentes ou os descendentes.

**Art. 21.** A vida privada da pessoa natural é inviolável, e o juiz, a requerimento do interessado, adotará as providências necessárias para impedir ou fazer cessar ato contrário a esta norma.

Analisando o conteúdo dos dispositivos legais, podemos tecer algumas observações sobre a personalidade jurídica protegida pela LGPD:

- O direito à personalidade é intransmissível e irrenunciável.
- Toda pessoa tem direito a nome e sobrenome.
- O nome da pessoa não pode ser usado sem o seu prévio consentimento.
- É defeso o ato de disposição do próprio corpo.
- Ninguém pode ser constrangido a submeter-se a tratamento médico.
- A vida da pessoa natural é inviolável.

As normas gerais contidas na LGPD são de interesse nacional e devem ser observadas pela União, pelos Estados, pelo Distrito Federal e pelos Municípios. Nesse sentido, temos a aplicação da lei de maneira harmônica em todos os entes da federação brasileira.

## 1.1 DOS PRINCÍPIOS E FUNDAMENTOS

A disciplina da proteção de dados pessoais nos termos do art. 2º da LGPD tem como princípios e fundamentos:

**I – o respeito à privacidade;**

A Constituição, em seu art. 5º, X, não fala em privacidade, mas, sim, intimidade, vida privada, honra e imagem das pessoas.

Conforme Machado (2014, p. 339-340):

> O fato é que tanto a expressão "vida privada" quanto o termo "intimidade" pretendem o mesmo objetivo, qual seja: tutelar a pessoa humana de forma mais ampla possível, considerando a complexidade das situações subjetivas existentes.

Para Marcel Leonardi (2011, p. 47), a definição do que é privacidade, ou falta dela, traz consequências negativas não só na teoria, mas também na solução de casos práticos, como tem sido definição de políticas públicas, que, muitas vezes, dependem do real esclarecimento dos termos para a sua viabilidade. Veja-se que, diante de um suposto conflito entre privacidade e outros interesses de equivalente relevância, tais como liberdade de manifestação de pensamento ou segurança pública, a falta de clareza, certamente, prejudicará, ou até poderá inviabilizar, a tutela.

Na atualidade, com a evolução tecnológica, não há mais como se pensar na privacidade como o isolamento do homem moderno, é preciso reconhecer que o indivíduo é capaz de controlar suas informações pessoais, com a garantia da sua privacidade, uma vez que os dados pessoais integram a sua identidade e, portanto, seu maior patrimônio (SARDETO, 2011, p. 52).

Nessa perspectiva, muito relevante o próximo princípio a ser estudado, que é o da autodeterminação informativa.

**II – a autodeterminação informativa;**

A autodeterminação informativa consiste na capacidade do indivíduo em saber, com exatidão, quais de seus dados pessoais estão sendo coletados, com a consciência da finalidade para que se prestarão, para, assim, diante de tais informações, tomar a decisão de fornecê-los ou não, levando-se em conta os benefícios e malefícios que o tratamento de seus dados poderá lhe acarretar. É o controle que o indivíduo possui sobre os seus dados pessoais (TEIXEIRA; ARMELIN, 2020, p. 33).

A LGPD pauta-se na compatibilização entre a proteção da pessoa e a proteção da pessoa e o desenvolvimento econômico e tecnológico. Nesse sentido, a autodeterminação informativa apresenta-se como central. Com origens no direito alemão, confere ao titular o controle de seus dados pessoais, ultrapassando o mero consentimento do usuário para alcançar as legítimas expectativas e o legítimo interesse deste na realização de sua personalidade. Assim, não basta o mero consentimento do titular de dados para o tratamento, exigindo-se o cumprimento de princípios e garantias como a finalidade e a transparência (BIONI, 2018 p. 105).

Segundo Danilo Doneda (2015, p. 373):

> O direito à autodeterminação informativa surgiu basicamente como uma extensão das liberdades presentes nas leis de segunda geração, e são várias as mudanças específicas neste sentido que podem ser identificadas na estrutura destas novas leis. O tratamento de dados pessoais era visto como um processo, que não se encerrava na simples permissão ou não da pessoa à utilização de seus dados pessoais, porém procurava incluí-la em fases sucessivas do processo de tratamento e utilização de sua própria informação para terceiros, além de compreender algumas garantias, com o dever de informação.

**III – a liberdade de expressão, de informação, de comunicação e de opinião;**

Esse princípio busca a livre informação e acesso à informação. Além da LGPD, está previsto no art. 3º da Lei nº 12.965/2014:

> **Art. 3º** A disciplina do uso da internet no Brasil tem os seguintes princípios:
>
> I – garantia da liberdade de expressão, comunicação e manifestação de pensamento, nos termos da Constituição Federal;
>
> (...).

Ademais, a liberdade de expressão, de informação, de comunicação e de opinião também está prevista no art. 5º da CF, sendo, portando, considerada um direito fundamental. Nesse sentido, segue a transcrição do artigo e alguns de seus incisos:

> **Art. 5º** Todos são iguais perante a lei, sem distinção de qualquer natureza, garantindo-se aos brasileiros e aos estrangeiros residentes no País a inviolabilidade do direito à vida, à liberdade, à igualdade, à segurança e à propriedade, nos termos seguintes:
>
> (...)
>
> IV – é livre a manifestação do pensamento, sendo vedado o anonimato;
>
> (...)
>
> VI – é inviolável a liberdade de consciência e de crença, sendo assegurado o livre exercício dos cultos religiosos e garantida, na forma da lei, a proteção aos locais de culto e a suas liturgias;
>
> (...)
>
> IX – é livre a expressão da atividade intelectual, artística, científica e de comunicação, independentemente de censura ou licença;
>
> (...).

Pode-se chegar a dizer que a liberdade de informação vem evoluindo praticamente ao mesmo tempo com a sociedade, pois informar e estar informado integram a livre manifestação do pensamento. Os mandamentos constitucionais dos mais diversos países acompanham esse fenômeno e possibilitam que, por meio de reforços e limites, haja garantia da liberdade de informação. A chegada da internet, apesar de facilitar o trânsito veloz de informações, não foi a causa direta dessa liberdade de o indivíduo buscar a informação onde bem entender; na verdade, isso decorreu da própria liberdade de informação, prevista constitucionalmente (PAESANI, 2014, p. 6).

**IV – a inviolabilidade da intimidade, da honra e da imagem;**

Nos termos do art. 5º, X, da CF, "são invioláveis a intimidade, a vida privada, a honra e a imagem das pessoas, assegurado o direito a indenização pelo dano material ou moral decorrente de sua violação".

O referido princípio é tão importante que, conforme anteriormente mencionado, está elencado como um direito fundamental, tendo em vista sua previsão no art. 5º da CF, bem como está previsto no Código de Processo Penal, no § 6º do art. 201, o qual é claro no sentido de ser um dever do juiz preservar a intimada, a honra e a imagem do ofendido, *in verbis*:

> **Art. 201.** Sempre que possível, o ofendido será qualificado e perguntado sobre as circunstâncias da infração, quem seja ou presuma ser o seu autor, as provas que possa indicar, tomando-se por termo as suas declarações.
>
> (...)
>
> § 6º O juiz tomará as providências necessárias à preservação da intimidade, vida privada, honra e imagem do ofendido, podendo, inclusive, determinar o segredo de justiça em relação aos dados, depoimentos e outras informações constantes dos autos a seu respeito para evitar sua exposição aos meios de comunicação.

**V – o desenvolvimento econômico e tecnológico e a inovação;**

O desenvolvimento econômico e tecnológico e a inovação são fundamentos indispensáveis ao olhar de quem aplica a lei em comento; nos dias atuais, não há de se falar em progresso sem a utilização de dados, estes são a base de grandes conquistas tecnológicas, e a tendência é de que cada vez mais o tratamento de dados seja a grande motriz da econômica (TEIXEIRA; ARMELIN, 2020, p. 34).

Aliás o viés econômico foi um dos motivos essenciais para a elaboração da LGPD no Brasil, visto que a ausência de uma regulamentação específica sobre o tema estaria freando ou atrapalhando investimento de empresas estrangeiras em nosso país.

**VI – a livre-iniciativa, a livre concorrência e a defesa do consumidor; e**

A livre-iniciativa e a livre concorrência, além de serem princípios da LGPD, são consideradas princípios da República Federativa do Brasil, nos termos do art. 1º, IV, da CF, o qual transcrevemos:

> **Art. 1º** A República Federativa do Brasil, formada pela união indissolúvel dos Estados e Municípios e do Distrito Federal, constitui-se em Estado Democrático de Direito e tem como fundamentos:
>
> (...)
>
> IV – os valores sociais do trabalho e da livre-iniciativa;
>
> (...).

Já a defesa do consumidor, além de um princípio da LGPD, podemos afirmar ser um direito fundamental, nos termos do art. 5º, XXII, da CF:

> **Art. 5º** Todos são iguais perante a lei, sem distinção de qualquer natureza, garantindo-se aos brasileiros e aos estrangeiros residentes no País a inviolabilidade do direito à vida, à liberdade, à igualdade, à segurança e à propriedade, nos termos seguintes:
>
> (...)
>
> XXXII – o Estado promoverá, na forma da lei, a defesa do consumidor;
>
> (...)

Passadas as considerações iniciais, Teixeira e Armelin (2020, p. 34) informam que:

> (...) a proteção à livre-iniciativa, livre concorrência e defesa do consumidor se inserem no contexto dessa lei, por serem os dados pessoais objeto de grande valia para a sociedade atual. Seria impossível grande parte das empresas funcionarem sem o tratamento de dados de seus clientes, fornecedores, empregados, dentre tantas outras pessoas com que se relaciona, sendo vital à sua sobrevivência.

A livre-iniciativa também está prevista no art. 170 da CF, desde que observados os princípios previstos em seus incisos. Nesse sentido, segue a transcrição:

> **Art. 170.** A ordem econômica, fundada na valorização do trabalho humano e na livre-iniciativa, tem por fim assegurar a todos existência digna, conforme os ditames da justiça social, observados os seguintes princípios:
>
> I – soberania nacional;
>
> II – propriedade privada;
>
> III – função social da propriedade;
>
> IV – livre concorrência;

> V – defesa do consumidor;
>
> VI – defesa do meio ambiente, inclusive mediante tratamento diferenciado conforme o impacto ambiental dos produtos e serviços e de seus processos de elaboração e prestação;
>
> VII – redução das desigualdades regionais e sociais;
>
> VIII – busca do pleno emprego;
>
> IX – tratamento favorecido para as empresas de pequeno porte constituídas sob as leis brasileiras e que tenham sua sede e administração no País. (Redação dada pela Emenda Constitucional nº 6, de 1995)
>
> Parágrafo único. É assegurado a todos o livre exercício de qualquer atividade econômica, independentemente de autorização de órgãos públicos, salvo nos casos previstos em lei.

**VII – os direitos humanos, o livre desenvolvimento da personalidade, a dignidade e o exercício da cidadania pelas pessoas naturais.**

Tanto o art. 5º da CF quanto o art. 2º da Declaração Universal dos Direitos Humanos são claros no sentido de que todos somos iguais perante a lei, razão pela qual os dados pessoais, sensíveis ou não, devem ser respeitados.

Em um tipo de sociedade detentora de um viés econômico altamente ligado ao tratamento de dados, tem-se que o livre desenvolvimento da personalidade poderia ser afetado se os dados fossem utilizados sem qualquer critério. Os dados pessoais, mais do que pertencem ao indivíduo, integram a sua personalidade, pois levam à sua identificação na sociedade, sobre quem ele é ou o que ele faz. Na sociedade atual, em que pessoas são representadas por informações, a proteção de dados pessoais surge como um direito de personalidade, não se tratando de uma questão de propriedade, mas de parte integrante de sua identidade (MENDES, 2014, p. 124).

## 1.2 DA APLICAÇÃO DA LGPD

Conforme disposto no art. 3º da LGPD, esta se aplica a qualquer operação de tratamento realizada por pessoa natural ou por pessoa jurídica de direito público ou privado, independentemente do meio, do país de sua sede ou do país onde estejam localizados os dados, desde que:

I – a operação de tratamento seja realizada no território nacional;

- Excetua-se do disposto no inciso I o tratamento de dados provenientes de fora do território nacional e que não sejam objeto de comunicação, uso compartilhado de dados com agentes de tratamento brasileiros ou objeto de transferência internacional de dados com outro país que não o dê proveniência, desde que o país de proveniência proporcione grau de proteção de dados pessoais adequado ao previsto na LGPD.

- Consideram-se coletados no território nacional os dados pessoais cujo titular nele se encontre no momento da coleta.

II – a atividade de tratamento tenha por objetivo a oferta ou o fornecimento de bens ou serviços ou o tratamento de dados de indivíduos localizados no território nacional; ou

III – os dados pessoais objeto do tratamento tenham sido coletados no território nacional.

Bittar Filho (1992, p. 32) ensina que, por via de regra, vigora o princípio da territorialidade, com a lei produzindo efeitos dentro do território do Estado que a editou. Todavia, existem exceções que possibilitam que a lei de um Estado seja aplicada em outro:

> (...) produzindo efeitos, assim, em ordenamento jurídico a que não pertence (extraterritorialidade); isto se deve à circulação e ao intercâmbio de pessoas e coisa no espaço, bem como à pluralidade de ordens jurídicas.
>
> Para a aplicação da LGPD, deverá ser verificada a ocorrência de um dos três critérios distintos:
>
> **Tratamento de dados realizado no Brasil;**
>
> Nessa hipótese valerá o critério territorial, ou seja, todo o tratamento de dados realizado no país estará sujeito à LGPD;
>
> **O tratamento de dados tenha por objetivo a oferta ou o fornecimento de bens ou serviços ou o tratamento de dados para indivíduos localizados no território brasileiro.**
>
> Nesse caso, o tratamento dos dados pessoais poderá ser realizado em território alienígena, ou seja, estrangeiro. Imporá a aplicação da LGPD o fato do objetivo do tratamento ser destinada a oferecer bens ou serviços para qualquer pessoas situada no território nacional. É o caso, *v.g.*, de *sites* chineses que oferecem produtos a brasileiros, em português, com entrega domiciliar no país.
>
> **Os dados pessoais objeto do tratamento tenham sido coletados no Brasil.**
>
> Aqui igualmente desimporta o local onde se deu o tratamento. Valerá a LGPD em todas as hipóteses em que os dados sejam coletados no país, o que implica na tentativa de garantir efeitos extraterritoriais à lei brasileira.
>
> Como se depreende do texto legal, o critério empregado pelo legislador pátrio para fixar a competência da LGPD despreza os "meios" de tratamento

> de dados, o país de sua sede (do "tratamento") ou o país onde localizados os dados.
>
> Tendo em vista os critérios empregados pela LGPD, seu campo de aplicação cobrirá praticamente todos os atos de tratamento realizados no Brasil ou que sejam destinados a pessoas situadas no seu território. (BUCHAIN, 2019, p. 7-8)

Buchain (2019, p. 8) explica que a extraterritorialidade das normas possui ligação com seu caráter instrumental e com a implementação de políticas públicas, pois é por meio dela (extraterritorialidade) que os países procuram estender seu poder regulamentar para todas as condutas capazes de produzir efeitos em seu território. Por força disso, a questão da jurisdição assume grande relevância, já que é necessário que o Estado assegure a aplicação de sua lei interna sobre condutas porventura ocorridas fora do seu território, embora nele produzam efeitos. Aplicar-se-ia, no caso, o:

> (...) princípio dos efeitos (*effects doctrine*) segundo o qual há incidência da lei nacional do local onde se verificam as consequências da prática legal. O que importa nesse caso, não é a nacionalidade ou domicílio dos partícipes da ilegalidade, mas o local (país) onde se produzirão os seus efeitos.

Antes de entrar no disposto no art. 4º da LGPD, que indica quando não se aplica tratamento de dados, importante esclarecer os conceitos de pessoas físicas e jurídicas previstos no ordenamento jurídico brasileiro.

O Código Civil regulamenta o conceito e as características das pessoas físicas em seus arts. 1º a 10, os quais transcrevemos:

> **Art. 1º** Toda pessoa é capaz de direitos e deveres na ordem civil.
>
> **Art. 2º** A personalidade civil da pessoa começa do nascimento com vida; mas a lei põe a salvo, desde a concepção, os direitos do nascituro.
>
> **Art. 3º** São absolutamente incapazes de exercer pessoalmente os atos da vida civil os menores de 16 (dezesseis) anos.
>
> **Art. 4º** São incapazes, relativamente a certos atos ou à maneira de os exercer:
>
> I – os maiores de dezesseis e menores de dezoito anos;
>
> II – os ébrios habituais e os viciados em tóxico;
>
> III – aqueles que, por causa transitória ou permanente, não puderem exprimir sua vontade;
>
> IV – os pródigos.
>
> Parágrafo único. A capacidade dos indígenas será regulada por legislação especial.

**Art. 5º** A menoridade cessa aos dezoito anos completos, quando a pessoa fica habilitada à prática de todos os atos da vida civil.

Parágrafo único. Cessará, para os menores, a incapacidade:

I – pela concessão dos pais, ou de um deles na falta do outro, mediante instrumento público, independentemente de homologação judicial, ou por sentença do juiz, ouvido o tutor, se o menor tiver dezesseis anos completos;

II – pelo casamento;

III – pelo exercício de emprego público efetivo;

IV – pela colação de grau em curso de ensino superior;

V – pelo estabelecimento civil ou comercial, ou pela existência de relação de emprego, desde que, em função deles, o menor com dezesseis anos completos tenha economia própria.

**Art. 6º** A existência da pessoa natural termina com a morte; presume-se esta, quanto aos ausentes, nos casos em que a lei autoriza a abertura de sucessão definitiva.

**Art. 7º** Pode ser declarada a morte presumida, sem decretação de ausência:

I – se for extremamente provável a morte de quem estava em perigo de vida;

II – se alguém, desaparecido em campanha ou feito prisioneiro, não for encontrado até dois anos após o término da guerra.

Parágrafo único. A declaração da morte presumida, nesses casos, somente poderá ser requerida depois de esgotadas as buscas e averiguações, devendo a sentença fixar a data provável do falecimento.

**Art. 8º** Se dois ou mais indivíduos falecerem na mesma ocasião, não se podendo averiguar se algum dos comorientes precedeu aos outros, presumir-se-ão simultaneamente mortos.

**Art. 9º** Serão registrados em registro público:

I – os nascimentos, casamentos e óbitos;

II – a emancipação por outorga dos pais ou por sentença do juiz;

III – a interdição por incapacidade absoluta ou relativa;

IV – a sentença declaratória de ausência e de morte presumida.

**Art. 10.** Far-se-á averbação em registro público:

I – das sentenças que decretarem a nulidade ou anulação do casamento, o divórcio, a separação judicial e o restabelecimento da sociedade conjugal;

II – dos atos judiciais ou extrajudiciais que declararem ou reconhecerem a filiação;

III – (Revogado pela Lei nº 12.010, de 2009).

As pessoas jurídicas encontram-se regulamentadas nos arts. 40 a 52 do CC, conforme a seguir exposto:

> **Art. 40.** As pessoas jurídicas são de direito público, interno ou externo, e de direito privado.
>
> **Art. 41.** São pessoas jurídicas de direito público interno:
>
> I - a União;
>
> II - os Estados, o Distrito Federal e os Territórios;
>
> III - os Municípios;
>
> IV - as autarquias, inclusive as associações públicas;
>
> V - as demais entidades de caráter público criadas por lei.
>
> Parágrafo único. Salvo disposição em contrário, as pessoas jurídicas de direito público, a que se tenha dado estrutura de direito privado, regem-se, no que couber, quanto ao seu funcionamento, pelas normas deste Código.
>
> **Art. 42.** São pessoas jurídicas de direito público externo os Estados estrangeiros e todas as pessoas que forem regidas pelo direito internacional público.
>
> **Art. 43.** As pessoas jurídicas de direito público interno são civilmente responsáveis por atos dos seus agentes que nessa qualidade causem danos a terceiros, ressalvado direito regressivo contra os causadores do dano, se houver, por parte destes, culpa ou dolo.
>
> **Art. 44.** São pessoas jurídicas de direito privado:
>
> I - as associações;
>
> II - as sociedades;
>
> III - as fundações.
>
> IV - as organizações religiosas;
>
> V - os partidos políticos.
>
> VI - as empresas individuais de responsabilidade limitada.
>
> § 1º São livres a criação, a organização, a estruturação interna e o funcionamento das organizações religiosas, sendo vedado ao poder público negar-lhes reconhecimento ou registro dos atos constitutivos e necessários ao seu funcionamento.
>
> § 2º As disposições concernentes às associações aplicam-se subsidiariamente às sociedades que são objeto do Livro II da Parte Especial deste Código. (Incluído pela Lei nº 10.825, de 22.12.2003)
>
> § 3º Os partidos políticos serão organizados e funcionarão conforme o disposto em lei específica. (Incluído pela Lei nº 10.825, de 22.12.2003)
>
> **Art. 45.** Começa a existência legal das pessoas jurídicas de direito privado com a inscrição do ato constitutivo no respectivo registro, precedida,

quando necessário, de autorização ou aprovação do Poder Executivo, averbando-se no registro todas as alterações por que passar o ato constitutivo.

Parágrafo único. Decai em três anos o direito de anular a constituição das pessoas jurídicas de direito privado, por defeito do ato respectivo, contado o prazo da publicação de sua inscrição no registro.

**Art. 46.** O registro declarará:

I - a denominação, os fins, a sede, o tempo de duração e o fundo social, quando houver;

II - o nome e a individualização dos fundadores ou instituidores, e dos diretores;

III - o modo por que se administra e representa, ativa e passivamente, judicial e extrajudicialmente;

IV - se o ato constitutivo é reformável no tocante à administração, e de que modo;

V - se os membros respondem, ou não, subsidiariamente, pelas obrigações sociais;

VI - as condições de extinção da pessoa jurídica e o destino do seu patrimônio, nesse caso.

**Art. 47.** Obrigam a pessoa jurídica os atos dos administradores, exercidos nos limites de seus poderes definidos no ato constitutivo.

**Art. 48.** Se a pessoa jurídica tiver administração coletiva, as decisões se tomarão pela maioria de votos dos presentes, salvo se o ato constitutivo dispuser de modo diverso.

Parágrafo único. Decai em três anos o direito de anular as decisões a que se refere este artigo, quando violarem a lei ou estatuto, ou forem eivadas de erro, dolo, simulação ou fraude.

**Art. 49.** Se a administração da pessoa jurídica vier a faltar, o juiz, a requerimento de qualquer interessado, nomear-lhe-á administrador provisório.

**Art. 49-A.** A pessoa jurídica não se confunde com os seus sócios, associados, instituidores ou administradores.

Parágrafo único. A autonomia patrimonial das pessoas jurídicas é um instrumento lícito de alocação e segregação de riscos, estabelecido pela lei com a finalidade de estimular empreendimentos, para a geração de empregos, tributo, renda e inovação em benefício de todos.

**Art. 50.** Em caso de abuso da personalidade jurídica, caracterizado pelo desvio de finalidade ou pela confusão patrimonial, pode o juiz, a requerimento da parte, ou do Ministério Público quando lhe couber intervir no processo, desconsiderá-la para que os efeitos de certas e determinadas relações de obrigações sejam estendidos aos bens particulares de administradores ou de sócios da pessoa jurídica beneficiados direta ou indiretamente pelo abuso.

§ 1º Para os fins do disposto neste artigo, desvio de finalidade é a utilização da pessoa jurídica com o propósito de lesar credores e para a prática de atos ilícitos de qualquer natureza.

§ 2º Entende-se por confusão patrimonial a ausência de separação de fato entre os patrimônios, caracterizada por:

I – cumprimento repetitivo pela sociedade de obrigações do sócio ou do administrador ou vice-versa;

II – transferência de ativos ou de passivos sem efetivas contraprestações, exceto os de valor proporcionalmente insignificante; e

III – outros atos de descumprimento da autonomia patrimonial. (Incluído pela Lei nº 13.874, de 2019)

§ 3º O disposto no *caput* e nos §§ 1º e 2º deste artigo também se aplica à extensão das obrigações de sócios ou de administradores à pessoa jurídica.

§ 4º A mera existência de grupo econômico sem a presença dos requisitos de que trata o *caput* deste artigo não autoriza a desconsideração da personalidade da pessoa jurídica.

§ 5º Não constitui desvio de finalidade a mera expansão ou a alteração da finalidade original da atividade econômica específica da pessoa jurídica.

**Art. 51.** Nos casos de dissolução da pessoa jurídica ou cassada a autorização para seu funcionamento, ela subsistirá para os fins de liquidação, até que esta se conclua.

§ 1º Far-se-á, no registro onde a pessoa jurídica estiver inscrita, a averbação de sua dissolução.

§ 2º As disposições para a liquidação das sociedades aplicam-se, no que couber, às demais pessoas jurídicas de direito privado.

§ 3º Encerrada a liquidação, promover-se-á o cancelamento da inscrição da pessoa jurídica.

**Art. 52.** Aplica-se às pessoas jurídicas, no que couber, a proteção dos direitos da personalidade.

Assim, tanto a pessoa física como a pessoa jurídica possuem direitos e obrigações previstas no ordenamento jurídico. E, quanto a pessoas jurídicas, a legislação ainda estabelece os diferentes tipos e formas de constituição.

Ao contrário do que parece, a LGPD não se aplica apenas a empresas do segmento de tecnologia, mas a qualquer uma, tanto no setor público quanto no privado, que colete dados de seus usuários. Isso quer dizer que instituições bancárias, cadastro de condomínios e até algumas páginas do Facebook deverão se adequar à nova lei de proteção de dados caso não queiram sofrer sanções (SILVA, 2020).

Teixeira e Armelin (2020, p. 36) mencionam, em complementação às informações previstas na legislação, que é:

> (...) pertinente expressar que a pessoa pode ser física (natural) ou jurídica. Especificamente sobre a pessoa jurídica, trata-se de uma entidade legalizada; um ente criado pela técnica jurídica como uma unidade orgânica e estável de pessoas para fins de natureza pública ou privada. É completamente distinta dos indivíduos que a compõem, tendo personalidade jurídica, como a pessoa física, visando obter direitos e contrair obrigações.

Já o art. 4º informa que a LGPD não se aplica ao tratamento de dados pessoais:

I – realizado por pessoa natural para fins exclusivamente particulares e não econômicos;

II – realizado para fins exclusivamente:

a) jornalístico e artísticos; ou

b) acadêmicos, aplicando-se a esta hipótese os arts. 7º e 11 desta Lei;

III – realizado para fins exclusivos de:

a) segurança pública;

b) defesa nacional;

c) segurança do Estado; ou

d) atividades de investigação e repressão de infrações penais; ou

**Importante!**

- O tratamento de dados pessoais previsto no item III será regido por legislação específica, que deverá prever medidas proporcionais e estritamente necessárias ao atendimento do interesse público, observados o devido processo legal, os princípios gerais de proteção e os direitos do titular previstos na LGPD.
- É vedado o tratamento dos dados a que se refere o item III do *caput* deste artigo por pessoa de direito privado, exceto em procedimentos sob tutela de pessoa jurídica de direito público, que serão objeto de informe específico à autoridade nacional e que deverão observar limitações.
- A autoridade nacional emitirá opiniões técnicas ou recomendações referentes às exceções previstas no item III do *caput* e deverá solicitar aos responsáveis relatórios de impacto à proteção de dados pessoais.

- Em nenhum caso a totalidade dos dados pessoais de banco de dados de que trata o item III poderá ser tratada por pessoa de direito privado, salvo por aquela que possua capital integralmente constituído pelo poder público.

IV – provenientes de fora do território nacional e que não sejam objeto de comunicação, uso compartilhado de dados com agentes de tratamento brasileiros ou objeto de transferência internacional de dados com outro país que não o de proveniência, desde que o país de proveniência proporcione grau de proteção de dados pessoais adequado ao previsto na LGPD.

## 1.3 NOVOS CONCEITOS

O art. 5º da LGPD traz alguns conceitos essenciais para o entendimento da matéria relativa à proteção de dados:

I – **dado pessoal:** informação relacionada a pessoa natural identificada ou identificável;

II – **dado pessoal sensível:** dado pessoal sobre origem racial ou étnica, convicção religiosa, opinião política, filiação a sindicato ou a organização de caráter religioso, filosófico ou político, dado referente à saúde ou à vida sexual, dado genético ou biométrico, quando vinculado a uma pessoa natural;

III – **dado anonimizado:** dado relativo a titular que não possa ser identificado, considerando a utilização de meios técnicos razoáveis e disponíveis na ocasião de seu tratamento;

IV – **banco de dados:** conjunto estruturado de dados pessoais, estabelecido em um ou em vários locais, em suporte eletrônico ou físico;

V – **titular:** pessoa natural a quem se referem os dados pessoais que são objeto de tratamento;

VI – **controlador:** pessoa natural ou jurídica, de direito público ou privado, a quem competem as decisões referentes ao tratamento de dados pessoais;

VII – **operador:** pessoa natural ou jurídica, de direito público ou privado, que realiza o tratamento de dados pessoais em nome do controlador;

Referente ao controlador e ao operador, importante fazer a transcrição dos arts. 37 a 40 da LGPD:

> **Art. 37.** O controlador e o operador devem manter registro das operações de tratamento de dados pessoais que realizarem, especialmente quando baseado no legítimo interesse.

> **Art. 38.** A autoridade nacional poderá determinar ao controlador que elabore relatório de impacto à proteção de dados pessoais, inclusive de dados sensíveis, referente a suas operações de tratamento de dados, nos termos de regulamento, observados os segredos comercial e industrial.
>
> Parágrafo único. Observado o disposto no *caput* deste artigo, o relatório deverá conter, no mínimo, a descrição dos tipos de dados coletados, a metodologia utilizada para a coleta e para a garantia da segurança das informações e a análise do controlador com relação a medidas, salvaguardas e mecanismos de mitigação de risco adotados.
>
> **Art. 39.** O operador deverá realizar o tratamento segundo as instruções fornecidas pelo controlador, que verificará a observância das próprias instruções e das normas sobre a matéria.
>
> **Art. 40.** A autoridade nacional poderá dispor sobre padrões de interoperabilidade para fins de portabilidade, livre acesso aos dados e segurança, assim como sobre o tempo de guarda dos registros, tendo em vista especialmente a necessidade e a transparência.

VIII – **encarregado:** pessoa indicada pelo controlador e operador para atuar como canal de comunicação entre o controlador, os titulares dos dados e a Autoridade Nacional de Proteção de Dados (ANPD);

Sobre o encarregado, também há previsão no art. 41 da LGPD:

> **Art. 41.** O controlador deverá indicar encarregado pelo tratamento de dados pessoais.
>
> § 1º A identidade e as informações de contato do encarregado deverão ser divulgadas publicamente, de forma clara e objetiva, preferencialmente no sítio eletrônico do controlador.
>
> § 2º As atividades do encarregado consistem em:
>
> I – aceitar reclamações e comunicações dos titulares, prestar esclarecimentos e adotar providências;
>
> II – receber comunicações da autoridade nacional e adotar providências;
>
> III – orientar os funcionários e os contratados da entidade a respeito das práticas a serem tomadas em relação à proteção de dados pessoais; e
>
> IV – executar as demais atribuições determinadas pelo controlador ou estabelecidas em normas complementares.
>
> § 3º A autoridade nacional poderá estabelecer normas complementares sobre a definição e as atribuições do encarregado, inclusive hipóteses de dispensa da necessidade de sua indicação, conforme a natureza e o porte da entidade ou o volume de operações de tratamento de dados.
>
> § 4º (VETADO).

IX - **agentes de tratamento:** o controlador e o operador;

X - **tratamento:** toda operação realizada com dados pessoais, como as que se referem a coleta, produção, recepção, classificação, utilização, acesso, reprodução, transmissão, distribuição, processamento, arquivamento, armazenamento, eliminação, avaliação ou controle da informação, modificação, comunicação, transferência, difusão ou extração;

XI - **anonimização:** utilização de meios técnicos razoáveis e disponíveis no momento do tratamento, por meio dos quais um dado perde a possibilidade de associação, direta ou indireta, a um indivíduo;

XII - **consentimento:** manifestação livre, informada e inequívoca pela qual o titular concorda com o tratamento de seus dados pessoais para uma finalidade determinada;

XIII - **bloqueio:** suspensão temporária de qualquer operação de tratamento, mediante guarda do dado pessoal ou do banco de dados;

XIV - **eliminação:** exclusão de dado ou de conjunto de dados armazenados em banco de dados, independentemente do procedimento empregado;

XV - **transferência internacional de dados:** transferência de dados pessoais para país estrangeiro ou organismo internacional do qual o país seja membro;

XVI - **uso compartilhado de dados:** comunicação, difusão, transferência internacional, interconexão de dados pessoais ou tratamento compartilhado de bancos de dados pessoais por órgãos e entidades públicos no cumprimento de suas competências legais, ou entre esses e entes privados, reciprocamente, com autorização específica, para uma ou mais modalidades de tratamento permitidas por esses entes públicos, ou entre entes privados;

XVII - **relatório de impacto à proteção de dados pessoais:** documentação do controlador que contém a descrição dos processos de tratamento de dados pessoais que podem gerar riscos às liberdades civis e aos direitos fundamentais, bem como medidas, salvaguardas e mecanismos de mitigação de risco;

XVIII - **órgão de pesquisa:** órgão ou entidade da administração pública direta ou indireta ou pessoa jurídica de direito privado sem fins lucrativos legalmente constituída sob as leis brasileiras, com sede e foro no País, que inclua em sua missão institucional ou em seu objetivo social ou estatutário a pesquisa básica ou aplicada de caráter histórico, científico, tecnológico ou estatístico; e

XIX - **Autoridade Nacional:** órgão da administração pública responsável por zelar, implementar e fiscalizar o cumprimento da LGPD em todo o território nacional.

Terminado o estudo dos novos conceitos previsto na LGPD, para fins de comparação, seguem as nomenclaturas usadas na GDPR:

**Artigo 4º**

**Definições**

Para efeitos do presente regulamento, entende-se por:

1. **"Dados pessoais"**, informação relativa a uma pessoa singular identificada ou identificável ("titular dos dados"); é considerada identificável uma pessoa singular que possa ser identificada, direta ou indiretamente, em especial por referência a um identificador, como por exemplo um nome, um número de identificação, dados de localização, identificadores por via eletrônica ou a um ou mais elementos específicos da identidade física, fisiológica, genética, mental, econômica, cultural ou social dessa pessoa singular;

2. **"Tratamento"**, uma operação ou um conjunto de operações efetuadas sobre dados pessoais ou sobre conjuntos de dados pessoais, por meios automatizados ou não automatizados, tais como a recolha, o registo, a organização, a estruturação, a conservação, a adaptação ou alteração, a recuperação, a consulta, a utilização, a divulgação por transmissão, difusão ou qualquer outra forma de disponibilização, a comparação ou interconexão, a limitação, o apagamento ou a destruição;

3. **"Limitação do tratamento"**, a inserção de uma marca nos dados pessoais conservados com o objetivo de limitar o seu tratamento no futuro;

4. **"Definição de perfis"**, qualquer forma de tratamento automatizado de dados pessoais que consista em utilizar esses dados pessoais para avaliar certos aspetos pessoais de uma pessoa singular, nomeadamente para analisar ou prever aspetos relacionados com o seu desempenho profissional, a sua situação econômica, saúde, preferências pessoais, interesses, fiabilidade, comportamento, localização ou deslocações;

5. **"Pseudonimização"**, o tratamento de dados pessoais de forma que deixem de poder ser atribuídos a um titular de dados específico sem recorrer a informações suplementares, desde que essas informações suplementares sejam mantidas separadamente e sujeitas a medidas técnicas e organizativas para assegurar que os dados pessoais não possam ser atribuídos a uma pessoa singular identificada ou identificável;

6. **"Ficheiro"**, qualquer conjunto estruturado de dados pessoais, acessível segundo critérios específicos, quer seja centralizado, descentralizado ou repartido de modo funcional ou geográfico;

7. **"Responsável pelo tratamento"**, a pessoa singular ou coletiva, a autoridade pública, a agência ou outro organismo que, individualmente ou em conjunto com outras, determina as finalidades e os meios de

tratamento de dados pessoais; sempre que as finalidades e os meios desse tratamento sejam determinados pelo direito da União ou de um Estado-Membro, o responsável pelo tratamento ou os critérios específicos aplicáveis à sua nomeação podem ser previstos pelo direito da União ou de um Estado-Membro;

**8. "Subcontratante"**, uma pessoa singular ou coletiva, a autoridade pública, agência ou outro organismo que trate os dados pessoais por conta do responsável pelo tratamento destes;

**9. "Destinatário"**, uma pessoa singular ou coletiva, a autoridade pública, agência ou outro organismo que recebem comunicações de dados pessoais, independentemente de se tratar ou não de um terceiro. Contudo, as autoridades públicas que possam receber dados pessoais no âmbito de inquéritos específicos nos termos do direito da União ou dos Estados-Membros não são consideradas destinatários; o tratamento desses dados por essas autoridades públicas deve cumprir as regras de proteção de dados aplicáveis em função das finalidades do tratamento;

**10. "Terceiro"**, a pessoa singular ou coletiva, a autoridade pública, o serviço ou organismo que não seja o titular dos dados, o responsável pelo tratamento, o subcontratante e as pessoas que, sob a autoridade direta do responsável pelo tratamento ou do subcontratante, estão autorizadas a tratar os dados pessoais;

**11. "Consentimento"** do titular dos dados, uma manifestação de vontade, livre, específica, informada e explícita, pela qual o titular dos dados aceita, mediante declaração ou ato positivo inequívoco, que os dados pessoais que lhe dizem respeito sejam objeto de tratamento;

**12. "Violação de dados pessoais"**, uma violação da segurança que provoque, de modo acidental ou ilícito, a destruição, a perda, a alteração, a divulgação ou o acesso, não autorizados, a dados pessoais transmitidos, conservados ou sujeitos a qualquer outro tipo de tratamento;

**13. "Dados genéticos"**, os dados pessoais relativos às características genéticas, hereditárias ou adquiridas, de uma pessoa singular que deem informações únicas sobre a fisiologia ou a saúde dessa pessoa singular e que resulta designadamente de uma análise de uma amostra biológica proveniente da pessoa singular em causa;

**14. "Dados biométricos"**, dados pessoais resultantes de um tratamento técnico específico relativo às características físicas, fisiológicas ou comportamentais de uma pessoa singular que permitam ou confirmem a identificação única dessa pessoa singular, nomeadamente imagens faciais ou dados dactiloscópicos;

**15. "Dados relativos à saúde"**, dados pessoais relacionados com a saúde física ou mental de uma pessoa singular, incluindo a prestação de serviços de saúde, que revelem informações sobre o seu estado de saúde;

**16. "Estabelecimento principal":**

a) No que se refere a um responsável pelo tratamento com estabelecimentos em vários Estados-Membros, o local onde se encontra a sua administração central na União, a menos que as decisões sobre as finalidades e os meios de tratamento dos dados pessoais sejam tomadas noutro estabelecimento do responsável pelo tratamento na União e este último estabelecimento tenha competência para mandar executar tais decisões, sendo neste caso o estabelecimento que tiver tomado as referidas decisões considerado estabelecimento principal;

b) No que se refere a um subcontratante com estabelecimentos em vários Estados-Membros, o local onde se encontra a sua administração central na União ou, caso o subcontratante não tenha administração central na União, o estabelecimento do subcontratante na União onde são exercidas as principais atividades de tratamento no contexto das atividades de um estabelecimento do subcontratante, na medida em que se encontre sujeito a obrigações específicas nos termos do presente regulamento;

**17. "Representante"**, uma pessoa singular ou coletiva estabelecida na União que, designada por escrito pelo responsável pelo tratamento ou subcontratante, nos termos do artigo 27.º, representa o responsável pelo tratamento ou o subcontratante no que se refere às suas obrigações respetivas nos termos do presente regulamento;

**18. "Empresa"**, uma pessoa singular ou coletiva que, independentemente da sua forma jurídica, exerce uma atividade econômica, incluindo as sociedades ou associações que exercem regularmente uma atividade econômica;

**19. "Grupo empresarial"**, um grupo composto pela empresa que exerce o controlo e pelas empresas controladas;

**20. "Regras vinculativas aplicáveis às empresas"**, as regras internas de proteção de dados pessoais aplicadas por um responsável pelo tratamento ou um subcontratante estabelecido no território de um Estado-Membro para as transferências ou conjuntos de transferências de dados pessoais para um responsável ou subcontratante num ou mais países terceiros, dentro de um grupo empresarial ou de um grupo de empresas envolvidas numa atividade econômica conjunta;

**21. "Autoridade de controlo"**, uma autoridade pública independente criada por um Estado-Membro nos termos do artigo 51.º;

**22. "Autoridade de controlo interessada"**, uma autoridade de controlo afetada pelo tratamento de dados pessoais pelo facto de:

a) O responsável pelo tratamento ou o subcontratante estar estabelecido no território do Estado-Membro dessa autoridade de controlo;

b) Os titulares de dados que residem no Estado-Membro dessa autoridade de controlo serem substancialmente afetados, ou suscetíveis de o ser, pelo tratamento dos dados; ou

c) Ter sido apresentada uma reclamação junto dessa autoridade de controlo;

**23. "Tratamento transfronteiriço":**

a) O tratamento de dados pessoais que ocorre no contexto das atividades de estabelecimentos em mais do que um Estado-Membro de um responsável pelo tratamento ou um subcontratante na União, caso o responsável pelo tratamento ou o subcontratante esteja estabelecido em mais do que um Estado-Membro; ou

b) O tratamento de dados pessoais que ocorre no contexto das atividades de um único estabelecimento de um responsável pelo tratamento ou de um subcontratante, mas que afeta substancialmente, ou é suscetível de afetar substancialmente, titulares de dados em mais do que um Estados-Membro;

**24. "Objeção pertinente e fundamentada"**, uma objeção a um projeto de decisão que visa determinar se há violação do presente regulamento ou se a ação prevista relativamente ao responsável pelo tratamento ou ao subcontratante está em conformidade com o presente regulamento, demonstrando claramente a gravidade dos riscos que advêm do projeto de decisão para os direitos e liberdades fundamentais dos titulares dos dados e, eventualmente, para a livre circulação de dados pessoais no território da União;

**25. "Serviços da sociedade da informação"**, um serviço definido no artigo 1.º, n.º 1, alínea *b*), da Diretiva (UE) 2015/1535 do Parlamento Europeu e do Conselho;

**26. "Organização internacional"**, uma organização e os organismos de direito internacional público por ela tutelados, ou outro organismo criado por um acordo celebrado entre dois ou mais países ou com base num acordo dessa natureza.

# 2. DO TRATAMENTO DE DADOS

## 2.1 PRINCÍPIOS E HIPÓTESES DE REALIZAÇÃO

Diferentemente do que acontecia há décadas, as transformações vêm ocorrendo em uma velocidade frenética. O trâmite legislativo, por mais célere que possa vir a ser, não consegue acompanhar os desdobramentos de determinada matéria, principalmente quando esta envolve tecnologia, como a de proteção de dados, tornando uma lei, desde sua promulgação, incapaz de prever todos os potenciais conflitos e anseios de uma sociedade. Diante de tal constatação, faz-se indispensável a aplicação de princípios, que norteiem a aplicação da lei, pois eles serão capazes de atingir eventos futuros, como novas tecnologias e distintas realidades (TEIXEIRA; ARMELIN, 2020, p. 49).

Para Bioni (2018 p. 106), a LGPD aplica-se, sem diferenciações, a operações de tratamento que ocorram por qualquer meio, eletrônico ou não, independentemente da finalidade, do segmento da atividade desenvolvida ou do regime jurídico aplicável à organização (público ou privado) que desenvolve a operação.

As atividades de tratamento de dados[2] pessoais deverão observar a boa-fé e os seguintes princípios, nos termos do art. 6º da LGPD:

> I – **finalidade:** realização do tratamento para propósitos legítimos, específicos, explícitos e informados ao titular, sem possibilidade de tratamento posterior de forma incompatível com essas finalidades;

O princípio da finalidade cuida para que o tratamento seja realizado nos termos específicos da autorização, evitando, assim, a existência de uma autorização para tratamento de dados genérica.

Esse princípio da finalidade já estava implícito no Código de Defesa do Consumidor (Lei nº 8.078/1990) e foi positivado pela Lei do Cadastro Positivo (Lei nº 12.414/2011), art. 5º, VII[3]. Também o Marco Civil da Internet (Lei nº 12.965/2014) o traz em seu art. 7º, VIII[4]. Especificamente, o Código Consumerista tem por fim proteger o consumi-

2 Art. 5º da LGPD: (...) X – tratamento: toda operação realizada com dados pessoais, como as que se referem a coleta, produção, recepção, classificação, utilização, acesso, reprodução, transmissão, distribuição, processamento, arquivamento, armazenamento, eliminação, avaliação ou controle da informação, modificação, comunicação, transferência, difusão ou extração; (...).

3 Art. 5º São direitos do cadastrado:

(...)

VII – ter os seus dados pessoais utilizados somente de acordo com a finalidade para a qual eles foram coletados.

4 Art. 7º O acesso à internet é essencial ao exercício da cidadania, e ao usuário são assegurados os seguintes direitos:

(...)

VIII – informações claras e completas sobre coleta, uso, armazenamento, tratamento e proteção de seus dados pessoais, que somente poderão ser utilizados para finalidades que:

a) justifiquem sua coleta;

b) não sejam vedadas pela legislação; e

dor de possíveis riscos e danos casos seus dados pessoais (informações) sejam utilizados fora do contexto para o qual foram coletados. Dessa forma, pode-se relacionar o princípio da finalidade com o uso de dados pessoais inseridos no contexto para o qual estes foram coletados, devendo, portanto, permanecer adstritos a ele (TEIXEIRA, ARMELIN, 2020, p. 50).

Um exemplo de aplicação desse princípio seria o pedido de um empregador de autorização de instalação de câmeras dentro do estabelecimento para evitar que clientes furtem mercadorias. O fim específico é a vigia dos clientes, logo as imagens não podem ser usadas, por exemplo, para punir os empregados que não estão realizando corretamente o seu serviço, diante da aplicação do princípio da finalidade.

> II – **adequação:** compatibilidade do tratamento com as finalidades informadas ao titular, de acordo com o contexto do tratamento;

O princípio da adequação refere-se à compatibilidade da finalidade indicada ao titular dos dados, com a forma de tratamento que será utilizada.

> III – **necessidade:** limitação do tratamento ao mínimo necessário para a realização de suas finalidades, com abrangência dos dados pertinentes, proporcionais e não excessivos em relação às finalidades do tratamento de dados;

Analisando o conceito da LGPD do princípio da necessidade, conclui-se que a regra geral é não realizar o tratamento de dados de pessoas, sendo sua utilização a exceção, mas somente quando, para determinada finalidade, seja relevante a sua realização.

De acordo com Pestana (2020):

> No caso, somente deverão ser tratados os dados pertinentes, ou seja, aqueles que se mostrem imprescindíveis para que o objetivo previamente traçejado seja atingido. Nem poderia ser diferente, pois seria de todo impróprio serem tratados dados que não se mostrassem pertinentes e relevantes para o tratamento em questão.

> IV – **livre acesso:** garantia, aos titulares, de consulta facilitada e gratuita sobre a forma e a duração do tratamento, bem como sobre a integralidade de seus dados pessoais;

---

c) estejam especificadas nos contratos de prestação de serviços ou em termos de uso de aplicações de internet;

(...).

Nada mais justo que a pessoa titular dos dados dos quais está sendo realizado um tratamento tenha acesso a eles para verificar a veracidade das informações e, se houve necessidade, requerer eventual correção que entenda ser necessária.

Pestana (2020) observa que:

> Além disso, exige, igualmente, que o titular seja cientificado da duração do tratamento, ou seja, não só do tempo a ser despendido para a sua realização, como, também, para o período em que os dados tratados estarão sendo utilizados para a finalidade correspondente ser atingida, período esse que poderá apresentar alguma dificuldade na sua fixação, uma vez que poderá ser dificultoso, previamente, já se estabelecer o prazo de **reverberação** do produto dos dados tratados.
>
> A garantia sob exame, evidentemente, somente estará materializada, caso tais condições e respectivas concordâncias sejam, satisfeitas e, expressamente, colhidas, dos respectivos titulares, na forma e no tempo adequados. (grifo do original)

V – **qualidade dos dados:** garantia, aos titulares, de exatidão, clareza, relevância e atualização dos dados, de acordo com a necessidade e para o cumprimento da finalidade de seu tratamento;

A qualidade dos dados, portanto, é aspecto essencial para o tratamento. Ainda que se utilizando o preceptivo de vocábulos polissêmicos, o exame sistemático da LGPD nos permite sublinhar os traços principais de cada um deles com considerações específicas. A exatidão nos remete à ideia de precisão, do liame estrito estabelecido entre dados, tratamento e finalidade; clareza, por sua vez, associa-se à noção de que tal relação seja assentada em palavras e procedimentos que, induvidosamente, esclareçam os destinatários da mensagem, sobretudo a pessoa natural titular dos dados a serem tratados, assim como para que se voltem, certeiramente, para o resultado almejado; já relevância indica que o tratamento em questão somente será realizado caso tal proceder permita atingir-se a finalidade previamente objetivada e também que, antecipadamente, tenha sido aprovada pelo titular dos dados; finalmente, atualização é o elemento que, de pronto, enfatiza o aspecto temporal e dinâmico dos dados, remetendo-nos à ideia de que, não obstante tenham sido recolhidos e fixados em determinado átimo, é compreensível que a dinâmica da realidade da vida promova modificações em tais dados, o que exige a sua constante atualização (PESTANA, 2020).

VI – **transparência:** garantia, aos titulares, de informações claras, precisas e facilmente acessíveis sobre a realização do tratamento e os respectivos agentes de tratamento, observados os segredos comercial e industrial;

O titular deve receber informações claras sobre o tratamento realizado em seus dados, não podendo, por exemplo, os agentes de tratamento (controlador[5] e operador[6]) passar informações imprecisas ou confusas.

Quando estamos falando em tratamento de dados, eventual prova de transparência das informações (ônus da prova) será dos agentes de tratamento, lembrando que, na maioria das vezes, os titulares são leigos, logo o cuidado para o seu fácil entendimento do que está sendo realizado com os seus dados deve ser levado muito a sério.

VII – **segurança:** utilização de medidas técnicas e administrativas aptas a proteger os dados pessoais de acessos não autorizados e de situações acidentais ou ilícitas de destruição, perda, alteração, comunicação ou difusão;

Para Pestana (2020):

> A ideia central desse princípio é a de preservar, sempre em ambiente seguro, os dados das pessoas naturais objeto do tratamento. Para tanto deverão ser utilizadas, sempre, técnicas contemporâneas de segurança, assim como, em se tratando de pessoa jurídica tratadora, de procedimentos constantemente aprimorados com vistas a garantir a manutenção da segurança.
>
> Importante consignar que, nesse princípio, mostra-se irrelevante se a perda, acesso, alteração ou difusão resulte de uma conduta voluntária e, portanto, ilícita, ou se decorra de um mero acidente, seja ou não resultado de negligência, imprudência ou imperícia. O protetor desses dados é obrigado a prever todos os cenários possíveis de ocorrer na realidade posta, devendo se precaver contra todas as possibilidades que possam ocorrer envolvendo o acesso e manuseio indevido dos dados das pessoas naturais objeto do tratamento.

Segundo Rony Vainzof (2018, p. 80-81):

> O princípio da segurança, assim como previsto no GDPR, prevê que os agentes de tratamento, de acordo com as técnicas mais avançadas, os custos de aplicação e a natureza, o âmbito, o contexto e as finalidades do tratamento, bem como os riscos de probabilidade e gravidade variável para os titulares também deverão aplicar medidas técnicas e organizativas para assegurar um nível de segurança adequado ao risco, mitigando, assim, as hipóteses de *data breach* (violação de dados em português), bem como, caso ocorra algum incidente, que os efeitos colaterais sejam reduzidos.

5 Art. 5º da LGPD: (...) VI – **controlador:** pessoa natural ou jurídica, de direito público ou privado, a quem competem as decisões referentes ao tratamento de dados pessoais; (...).

6 Art. 5º da LGPD: (...) VII – **operador:** pessoa natural ou jurídica, de direito público ou privado, que realiza o tratamento de dados pessoais em nome do controlador; (...).

VIII – **prevenção:** adoção de medidas para prevenir a ocorrência de danos em virtude do tratamento de dados pessoais;

O princípio da prevenção é um complemento do princípio da segurança, a partir do qual, além de mecanismos de proteção, temos que tomar medidas necessárias para prevenir ocorrência de danos aos dados que estão sendo tratados.

IX – **não discriminação:** impossibilidade de realização do tratamento para fins discriminatórios ilícitos ou abusivos;

O tratamento de dados deve ser usado exclusivamente para fins lícitos, razão pela qual, por uma questão de obviedade, não pode ser utilizado para fins de discriminação de pessoas.

Como exemplo, podemos mencionar que é importante que uma empresa tenha a informação de que um dos seus funcionários é membro da diretoria do sindicato da categoria, visto que, com esse dado, sabe que o funcionário não poderá ser demitido do empregador, salvo a ocorrência de uma falta grave prevista no art. 482 da CLT. É discriminatório usar esse dado para informar a outras empresas do seu cargo vindouro, visto que, no futuro, ele pode sofrer discriminação e não ser contratado em decorrência desse fato (ser membro do sindicato da categoria).

X – **responsabilização e prestação de contas:** demonstração, pelo agente, da adoção de medidas eficazes e capazes de comprovar a observância e o cumprimento das normas de proteção de dados pessoais e, inclusive, da eficácia dessas medidas.

O titular de dados tem o direito de ter, dos operadores de dados, a prestação de contas do que está sendo feito com suas informações e saber se, por exemplo, todos os princípios, ora estudados, estão sendo observados.

O princípio da responsabilização e prestação de contas significa a obrigação de se gerar evidências a todo tempo do cumprimento da lei, o que pode ser equiparado ao disposto no art. 7º, VIII, da Lei nº 12.846/2013[7] (Lei Anticorrupção) ao prever que, entre outras medidas, serão levadas em consideração, para a aplicação da sanção, a existência de mecanismos e procedimentos internos de integridade, auditoria e incentivo à denúncia de irregularidades e a aplicação efetiva de códigos de ética e conduta no âmbito da pessoa jurídica (TEIXEIRA; ARMELIN, 2020, p. 53).

7 Art. 7º Serão levados em consideração na aplicação das sanções:
(...)
VII – a cooperação da pessoa jurídica para a apuração das infrações;
(...).

Terminado o estudo dos princípios da LGPD, para fins de comparação, segue a relação dos princípios previstos na GDPR:

**Artigo 5º**

**Princípios relativos ao tratamento de dados pessoais**

**1.** Os dados pessoais são:

a) Objeto de um tratamento lícito, leal e transparente em relação ao titular dos dados ("licitude, lealdade e transparência");

b) Recolhidos para finalidades determinadas, explícitas e legítimas e não podendo ser tratados posteriormente de uma forma incompatível com essas finalidades; o tratamento posterior para fins de arquivo de interesse público, ou para fins de investigação científica ou histórica ou para fins estatísticos, não é considerado incompatível com as finalidades iniciais, em conformidade com o artigo 89º, nº 1 ("limitação das finalidades");

c) Adequados, pertinentes e limitados ao que é necessário relativamente às finalidades para as quais são tratados ("minimização dos dados");

d) Exatos e atualizados sempre que necessário; devem ser adotadas todas as medidas adequadas para que os dados inexatos, tendo em conta as finalidades para que são tratados, sejam apagados ou retificados sem demora ("exatidão");

e) Conservados de uma forma que permita a identificação dos titulares dos dados apenas durante o período necessário para as finalidades para as quais são tratados; os dados pessoais podem ser conservados durante períodos mais longos, desde que sejam tratados exclusivamente para fins de arquivo de interesse público, ou para fins de investigação científica ou histórica ou para fins estatísticos, em conformidade com o artigo 89º, nº 1, sujeitos à aplicação das medidas técnicas e organizativas adequadas exigidas pelo presente regulamento, a fim de salvaguardar os direitos e liberdades do titular dos dados ("limitação da conservação");

f) Tratados de uma forma que garanta a sua segurança, incluindo a proteção contra o seu tratamento não autorizado ou ilícito e contra a sua perda, destruição ou danificação acidental, adotando as medidas técnicas ou organizativas adequadas ("integridade e confidencialidade");

**2.** O responsável pelo tratamento é responsável pelo cumprimento do disposto no nº 1 e tem de poder comprová-lo ("responsabilidade").

## 2.2 DAS HIPÓTESES DE TRATAMENTO DE DADOS

O tratamento de dados pessoais, conforme disposto no art. 7º da LGPD, somente poderá ser realizado nas seguintes hipóteses:

I – mediante o fornecimento de consentimento pelo titular;

- O controlador que obteve o consentimento do titular que necessitar comunicar ou compartilhar dados pessoais com outros controladores deverá obter consentimento específico do titular para esse fim, ressalvadas as hipóteses de dispensa do consentimento previstas na LGPD.
- Levando em consideração as mudanças estabelecidas com o GDPR, tem-se que as condições de consentimento foram reforçadas e as empresas não podem mais usar termos e condições longos e ilegíveis, cheios de legalistas. O pedido de consentimento deve ser dado de forma inteligível e de fácil acesso, com o propósito de processamento de dados anexado a esse consentimento. O consentimento deve ser claro e distinguível de outros assuntos e ser fornecido de forma inteligível e de fácil acesso, usando linguagem clara e objetiva. Deve ser tão fácil retirar o consentimento quanto dar (TEIXEIRA; ARMELIN, 2020, p. 56).

II – para o cumprimento de obrigação legal ou regulatória pelo controlador;

- O tratamento de dados pessoais cujo acesso é público deve considerar a finalidade, a boa-fé e o interesse público que justificaram sua disponibilização.
- O cumprimento de uma obrigação legal ou regulatória consiste no controlador poder tratar dados pessoais, mesmo sem o consentimento do titular, quando tiver que cumprir alguma determinação legal ou regulamentação. Pode-se citar, por exemplo, o caso de um empregador que necessite informar os dados do seu empregado para fins da seguridade social ou mesmo em casos de fiscalização do Ministério do Trabalho. O empregador não precisará de consentimento do seu empregado para tratar dados pessoais de seus empregados. Nesse caso, porém, quando da contratação de seu funcionário, o empregador terá que informá-lo dentro de quais possibilidades seus dados poderão ser tratados (TEIXEIRA; ARMELIN, 2020, p. 56-57).

III – pela administração pública, para o tratamento e uso compartilhado de dados necessários à execução de políticas públicas previstas em leis e regulamentos ou respaldadas em contratos, convênios ou instrumentos congêneres;

- O inciso III possibilita que a Administração Pública trate dados, mas delimita a utilização desse tratamento para a consecução de políticas públicas previstas em lei ou regulamentos. A realidade é que o Poder Público é um dos grandes agentes de tratamento de dados, e isso se deve ao fato de que visa ao bem coletivo, demandando a coleta de dados pessoais para a consecução de políticas públicas, o que justifica a ausência de consentimento para esse fim (TEIXEIRA; ARMELIN, 2020, p. 57).

IV – para a realização de estudos por órgão de pesquisa, garantida, sempre que possível, a anonimização[8] dos dados pessoais;

- Uma empresa poderá utilizar-se da base legal prevista no inciso IV quando, por exemplo, tratar dados pessoais para efetuar a entrega de uma mercadoria, já que está em um contrato, ou para consultar o CEP de um cliente visando ao cálculo de frete, por ser um procedimento preliminar relacionado a um contrato, a pedido do titular de dados (TEIXEIRA; ARMELIN, 2020, p. 57).

V – quando necessário para a execução de contrato ou de procedimentos preliminares relacionados a contrato do qual seja parte o titular, a pedido do titular dos dados;

VI – para o exercício regular de direitos em processo judicial, administrativo ou arbitral, esse último nos termos da Lei nº 9.307, de 23 de setembro de 1996 (Lei de Arbitragem);

VII – para a proteção da vida ou da incolumidade física do titular ou de terceiro;

- Nesse inciso, temos uma flexibilização do princípio da privacidade em face do princípio da preservação da vida.

VIII – para a tutela da saúde, exclusivamente, em procedimento realizado por profissionais de saúde, serviços de saúde ou autoridade sanitária;

- Esse inciso complementa o anterior, porém sendo específico para uma situação de tutela de saúde do titular dos dados.

IX – quando necessário para atender aos interesses legítimos do controlador ou de terceiro, exceto no caso de prevalecerem direitos e liberdades fundamentais do titular que exijam a proteção dos dados pessoais; ou

- Importante trazer o conceito de legítimo interesse, para uma melhor compreensão da situação prevista no inciso IX. O conceito de legítimo interesse encontra-se previsto nos arts. 47, 48 e 49 da GDPR, sobre o qual transcrevemos o seguinte trecho do item 1 do art. 49 da GDPR:

8 Art. 5º da LGPD: (...) III – dado anonimizado: dado relativo a titular que não possa ser identificado, considerando a utilização de meios técnicos razoáveis e disponíveis na ocasião de seu tratamento; (...).

> (...)
>
> Quando uma transferência não puder basear-se no disposto no artigo 45.º ou 46.º, incluindo nas regras vinculativas aplicáveis às empresas, e não for aplicável nenhuma das derrogações previstas para as situações específicas a que se refere o primeiro parágrafo do presente número, a transferência para um país terceiro ou uma organização internacional só pode ser efetuada se não for repetitiva, apenas disser respeito a um número limitado de titulares dos dados, **for necessária para efeitos dos interesses legítimos visados pelo responsável pelo seu tratamento**, desde que a tais interesses não se sobreponham os interesses ou os direitos e liberdades do titular dos dados, e o responsável pelo tratamento tiver ponderado todas as circunstâncias relativas à transferência de dados e, com base nessa avaliação, tiver apresentado garantias adequadas no que respeita à proteção de dados pessoais. O responsável pelo tratamento informa da transferência a autoridade de controle. Para além de fornecer a informação referida nos artigos 13.º e 14.º, o responsável pelo tratamento presta informações ao titular dos dados sobre a transferência e os interesses legítimos visados. (grifo nosso)

Esse interesse legítimo pode existir em uma relação relevante e apropriada entre o titular dos dados e o responsável pelo tratamento, por exemplo, quando o titular de dados é um cliente ou está a serviço do responsável pelo tratamento. De qualquer forma, a existência de um interesse legítimo necessitaria de uma avaliação cuidadosa, incluindo-se um titular de dados pode razoavelmente esperar no momento e no contexto de escolha de dados pessoais, que o processamento para esse fim pode ter lugar. Os interesses e os direitos fundamentais da pessoa em causa poderiam, em especial, sobrepor-se ao interesse do responsável pelo tratamento no caso de dados pessoais serem processados em circunstâncias em que os titulares de dados não esperem razoavelmente um processamento posterior (TEIXEIRA; ARMELIN, 2020, p. 59).

Conforme o art. 9º da LGPD:

> **Art. 9º** O titular tem direito ao acesso facilitado às informações sobre o tratamento de seus dados, que deverão ser disponibilizadas de forma clara, adequada e ostensiva acerca de, entre outras características previstas em regulamentação para o atendimento do princípio do livre acesso:
>
> I – finalidade específica do tratamento;
>
> II – forma e duração do tratamento, observados os segredos comercial e industrial;
>
> III – identificação do controlador;
>
> IV – informações de contato do controlador;

> V – informações acerca do uso compartilhado de dados pelo controlador e a finalidade;
>
> VI – responsabilidades dos agentes que realizarão o tratamento; e
>
> VII – direitos do titular, com menção explícita aos direitos contidos no art. 18 desta Lei.
>
> § 1º Na hipótese em que o consentimento é requerido, esse será considerado nulo caso as informações fornecidas ao titular tenham conteúdo enganoso ou abusivo ou não tenham sido apresentadas previamente com transparência, de forma clara e inequívoca.
>
> § 2º Na hipótese em que o consentimento é requerido, se houver mudanças da finalidade para o tratamento de dados pessoais não compatíveis com o consentimento original, o controlador deverá informar previamente o titular sobre as mudanças de finalidade, podendo o titular revogar o consentimento, caso discorde das alterações.
>
> § 3º Quando o tratamento de dados pessoais for condição para o fornecimento de produto ou de serviço ou para o exercício de direito, o titular será informado com destaque sobre esse fato e sobre os meios pelos quais poderá exercer os direitos do titular elencados no art. 18 desta Lei.

É no art. 9º que está estabelecido, portanto, o conteúdo mínimo dos termos de uso, bem como a necessidade de uma arquitetura que destaque e privilegie esse conteúdo. Todos esses requisitos devem constar na política de privacidade e termos de uso (MACIEL, 2019).

A tecnologia pode ser uma ferramenta aliada à proteção de dados, como propõem as PETs (tecnologias que reforçam a privacidade). Bioni (2018 p. 167-168) descreve exemplos de tecnologias que protegem a privacidade, como a criptografia, a anonimização de dados pessoais, mecanismos de navegação anônima que impedem rastreamento de usuários, e, em “todos esses exemplos, a arquitetura dos sistemas de informação é um instrumento hábil para proteger os dados pessoais do cidadão.

Mesmo que seja posteriormente analisado, importante trazer, neste momento do estudo, o disposto no art. 10 da LGPD sobre quando poderá ser realizado tratamento de dados por legítimo interesse do controlador:

> **Art. 10.** O legítimo interesse do controlador somente poderá fundamentar tratamento de dados pessoais para finalidades legítimas, consideradas a partir de situações concretas, que incluem, mas não se limitam a:
>
> I – apoio e promoção de atividades do controlador; e
>
> II – proteção, em relação ao titular, do exercício regular de seus direitos ou prestação de serviços que o beneficiem, respeitadas as legítimas expectativas dele e os direitos e liberdades fundamentais, nos termos desta Lei.

> § 1º Quando o tratamento for baseado no legítimo interesse do controlador, somente os dados pessoais estritamente necessários para a finalidade pretendida poderão ser tratados.
>
> § 2º O controlador deverá adotar medidas para garantir a transparência do tratamento de dados baseado em seu legítimo interesse.
>
> § 3º A autoridade nacional poderá solicitar ao controlador relatório de impacto à proteção de dados pessoais, quando o tratamento tiver como fundamento seu interesse legítimo, observados os segredos comercial e industrial.

X – para a proteção do crédito, inclusive quanto ao disposto na legislação pertinente.

É dispensada a exigência do consentimento para os dados tornados manifestamente públicos pelo titular, resguardados os direitos do titular e os princípios previstos na LGPD. A eventual dispensa da exigência do consentimento não isenta os agentes de tratamento das demais obrigações previstas na LGPD, especialmente da observância dos princípios gerais e da garantia dos direitos do titular.

O tratamento posterior dos dados pessoais que se tornaram públicos poderá ser realizado para novas finalidades, desde que observados os propósitos legítimos e específicos para o novo tratamento e a preservação dos direitos do titular, assim como os fundamentos e os princípios previstos na LGPD.

## 2.3 DO CONSENTIMENTO E ACESSO AOS DADOS PELO TITULAR

O fornecimento de consentimento pelo titular deverá ser fornecido por escrito ou por outro meio que demonstre a manifestação de vontade do titular.

Deve existir um consentimento para cada fim específico ao qual poderá ser realizado o tratamento de dados, e essa regra irá valer, inclusive, para a revogação do consentimento.

O consentimento livre e expresso também é previsto no art. 7º, VII, VIII e IX, da Lei nº 12.965/2014 (Marco Civil da Internet), *in verbis*:

> **Art. 7º** O acesso à internet é essencial ao exercício da cidadania, e ao usuário são assegurados os seguintes direitos:
>
> (...)
>
> VII – não fornecimento a terceiros de seus dados pessoais, inclusive registros de conexão, e de acesso a aplicações de internet, salvo mediante consentimento livre, expresso e informado ou nas hipóteses previstas em lei;

> VIII – informações claras e completas sobre coleta, uso, armazenamento, tratamento e proteção de seus dados pessoais, que somente poderão ser utilizados para finalidades que:
>
> a) justifiquem sua coleta;
>
> b) não sejam vedadas pela legislação; e
>
> c) estejam especificadas nos contratos de prestação de serviços ou em termos de uso de aplicações de internet;
>
> IX – consentimento expresso sobre coleta, uso, armazenamento e tratamento de dados pessoais, que deverá ocorrer de forma destacada das demais cláusulas contratuais;
>
> (...).

Caso o consentimento seja fornecido por escrito, este deverá constar de cláusula destacada das demais cláusulas contratuais. Importante frisar que cabe ao controlador o ônus da prova de que o consentimento foi obtido em conformidade com o disposto na LGPD.

É vedado o tratamento de dados pessoais mediante vício de consentimento. O consentimento deverá referir-se a finalidades determinadas, e as autorizações genéricas para o tratamento de dados pessoais serão nulas.

O consentimento pode ser revogado a qualquer momento mediante manifestação expressa do titular, por procedimento gratuito e facilitado, ratificados os tratamentos realizados sob amparo do consentimento anteriormente manifestado enquanto não houver requerimento de eliminação.

Em caso de alteração de informação referida nos incisos I[9], II[10], III[11] ou V[12] do art. 9º da LGPD, o controlador deverá informar ao titular, com destaque de forma específica do teor das alterações, podendo o titular, nos casos em que o seu consentimento é exigido, revogá-lo caso discorde da alteração.

## 2.4 DO ACESSO AOS DADOS PELO TITULAR DA INFORMAÇÃO

Nos termos do art. 9º da LGPD:

> **Art. 9º** O titular tem direito ao acesso facilitado às informações sobre o tratamento de seus dados, que deverão ser disponibilizadas de forma clara,

9 I – finalidade específica do tratamento; (...).

10 II – forma e duração do tratamento, observados os segredos comercial e industrial; (...).

11 III – identificação do controlador; (...).

12 V – informações acerca do uso compartilhado de dados pelo controlador e a finalidade; (...).

> adequada e ostensiva acerca de, entre outras características previstas em regulamentação para o atendimento do princípio do livre acesso:
>
> I – finalidade específica do tratamento;
>
> II – forma e duração do tratamento, observados os segredos comercial e industrial;
>
> III – identificação do controlador;
>
> IV – informações de contato do controlador;
>
> V – informações acerca do uso compartilhado de dados pelo controlador e a finalidade;
>
> VI – responsabilidades dos agentes que realizarão o tratamento; e
>
> VII – direitos do titular, com menção explícita aos direitos contidos no art. 18 da LGPD.

Esse artigo traz ao controlador não só responsabilidades legais, que terão que ser assumidas, mas também indispensáveis técnicas que permitam ao titular ter o conhecimento pleno de quais de seus dados serão tratados, por quem e para qual fim. Com a eficácia plena do GDPR, foi possível verificar o quão complexo é esse processo de adequação para que o controlador atenda satisfatoriamente aos requisitos da lei. A maioria das operações é feita a partir de um clique, o que significa que esse clique deverá ser desdobrado em vários cliques, comunicando, de forma clara, adequada e ostensiva, ao titular todas as informações a que ele tem direito com a coleta de seus dados pessoais (TEIXEIRA; ARMELIN, 2020, p. 65).

Quando o tratamento de dados pessoais for condição para o fornecimento de produto ou de serviço ou para o exercício de direito, o titular será informado com destaque sobre esse fato e sobre os meios pelos quais poderá exercer os direitos do titular elencados no art. 18 da LGPD, conforme segue a transcrição do dispositivo legal:

> **Art. 18.** O titular dos dados pessoais tem direito a obter do controlador, em relação aos dados do titular por ele tratados, a qualquer momento e mediante requisição:
>
> I – confirmação da existência de tratamento;
>
> II – acesso aos dados;
>
> III – correção de dados incompletos, inexatos ou desatualizados;
>
> IV – anonimização, bloqueio ou eliminação de dados desnecessários, excessivos ou tratados em desconformidade com o disposto nesta Lei;
>
> V – portabilidade dos dados a outro fornecedor de serviço ou produto, mediante requisição expressa, de acordo com a regulamentação da autoridade nacional, observados os segredos comercial e industrial;

> VI – eliminação dos dados pessoais tratados com o consentimento do titular, exceto nas hipóteses previstas no art. 16 desta Lei;
>
> VII – informação das entidades públicas e privadas com as quais o controlador realizou uso compartilhado de dados;
>
> VIII – informação sobre a possibilidade de não fornecer consentimento e sobre as consequências da negativa;
>
> IX – revogação do consentimento, nos termos do § 5º do art. 8º desta Lei.
>
> § 1º O titular dos dados pessoais tem o direito de peticionar em relação aos seus dados contra o controlador perante a autoridade nacional.
>
> § 2º O titular pode opor-se a tratamento realizado com fundamento em uma das hipóteses de dispensa de consentimento, em caso de descumprimento ao disposto nesta Lei.
>
> § 3º Os direitos previstos neste artigo serão exercidos mediante requerimento expresso do titular ou de representante legalmente constituído, a agente de tratamento.
>
> § 4º Em caso de impossibilidade de adoção imediata da providência de que trata o § 3º deste artigo, o controlador enviará ao titular resposta em que poderá:
>
> I – comunicar que não é agente de tratamento dos dados e indicar, sempre que possível, o agente; ou
>
> II – indicar as razões de fato ou de direito que impedem a adoção imediata da providência.
>
> § 5º O requerimento referido no § 3º deste artigo será atendido sem custos para o titular, nos prazos e nos termos previstos em regulamento.
>
> § 6º O responsável deverá informar, de maneira imediata, aos agentes de tratamento com os quais tenha realizado uso compartilhado de dados a correção, a eliminação, a anonimização ou o bloqueio dos dados, para que repitam idêntico procedimento, exceto nos casos em que esta comunicação seja comprovadamente impossível ou implique esforço desproporcional.
>
> § 7º A portabilidade dos dados pessoais a que se refere o inciso V do *caput* deste artigo não inclui dados que já tenham sido anonimizados pelo controlador.
>
> § 8º O direito a que se refere o § 1º deste artigo também poderá ser exercido perante os organismos de defesa do consumidor.

## 2.5 DO LEGÍTIMO INTERESSE

O legítimo interesse do controlador, previsto no art. 10 da LGPD, somente poderá fundamentar tratamento de dados pessoais para finalidades legítimas, consideradas a partir de situações concretas, que incluem, mas não se limitam a:

I – apoio e promoção de atividades do controlador; e

II – proteção, em relação ao titular, do exercício regular de seus direitos ou prestação de serviços que o beneficiem, respeitadas as legítimas expectativas dele e os direitos e liberdades fundamentais, nos termos da LGPD.

Quando o tratamento for baseado no legítimo interesse do controlador, somente os dados pessoais estritamente necessários para a finalidade pretendida poderão ser tratados.

O controlador deverá adotar medidas para garantir a transparência do tratamento de dados baseado em seu legítimo interesse.

A autoridade nacional poderá solicitar ao controlador relatório de impacto à proteção de dados pessoais, quando o tratamento tiver como fundamento seu interesse legítimo, observados os segredos comercial e industrial.

Para Marcel Leonardi (2011, p. 71), o uso correto da base legal do legítimo interesse é indispensável ao impulsionamento da economia anual e do crescimento futuro:

> Dados sem *insight* são inúteis – em realidade, dados brutos estão conhecimento assim como a areia está para os *chips* de silício. Dados bem utilizados – dados "inteligentes" – permitem análises profundas e conhecimento integrado que beneficiam a sociedade. A análise inteligente de dados é um dos principais impulsionadores da economia atual e do crescimento futuro – e isso só se faz possível mediante o empregado correto do legítimo interesse como base legal do tratamento.

Assim, temos que o legítimo interesse foi instituído como uma possibilidade de tratamento de dados para cumprir a ideia de que a LGPD trará ao país desenvolvimento econômico e tecnológico.

## 2.6 DO TRATAMENTO DE DADOS PESSOAIS SENSÍVEIS

O tratamento de dados pessoais sensíveis,[13] previsto no art. 11 da LGPD, somente poderá ocorrer nas seguintes hipóteses:

**I – quando o titular ou seu responsável legal consentir, de forma específica e destacada, para finalidades específicas;**

**II – sem fornecimento de consentimento do titular, nas hipóteses em que for indispensável para:**

13 Art. 5º da LGPD: (...) II – dado pessoal sensível: dado pessoal sobre origem racial ou étnica, convicção religiosa, opinião política, filiação a sindicato ou a organização de caráter religioso, filosófico ou político, dado referente à saúde ou à vida sexual, dado genético ou biométrico, quando vinculado a uma pessoa natural; (...).

a) cumprimento de obrigação legal ou regulatória pelo controlador;

b) tratamento compartilhado de dados necessários à execução, pela administração pública, de políticas públicas previstas em leis ou regulamentos;

c) realização de estudos por órgão de pesquisa, garantida, sempre que possível, a anonimização dos dados pessoais sensíveis;

d) exercício regular de direitos, inclusive em contrato e em processo judicial, administrativo e arbitral, este último nos termos da Lei nº 9.307, de 23 de setembro de 1996 (Lei de Arbitragem);

e) proteção da vida ou da incolumidade física do titular ou de terceiro;

f) tutela da saúde, exclusivamente, em procedimento realizado por profissionais de saúde, serviços de saúde ou autoridade sanitária; ou

**g) garantia da prevenção à fraude e à segurança do titular, nos processos de identificação e autenticação de cadastro em sistemas eletrônicos, resguardados os direitos mencionados no art. 9º da LGPD e exceto no caso de prevalecerem direitos e liberdades fundamentais do titular que exijam a proteção dos dados pessoais.**

Como se pode observar, fica clara a preocupação da LGPD em conferir proteção ao titular dos dados sensíveis. Essa proteção consiste em um autêntico direito fundamental, sendo expressão dos direitos de personalidade, em especial da privacidade, do sigilo e, propriamente, até da estabilidade democrática, uma vez que esses direitos estão "intrinsecamente relacionados à impossibilidade de transformar os indivíduos em objeto de vigilância constante", sobretudo dos controladores de dados preocupados unicamente em colocar seus lucros acima de qualquer outro valor (FRAZÃO; TEPEDINO; OLIVIA, 2019, p. 100).

Aplicam-se as regras anteriormente mencionadas a qualquer tratamento de dados pessoais que revele dados pessoais sensíveis e que possa causar dano ao titular, ressalvado o disposto em legislação específica.

Nos casos de aplicação do disposto nas alíneas *a* e *b* do inciso II[14] do art. 11 da LGPD, pelos órgãos e pelas entidades públicas, será dada publicidade à referida dis-

14 II – sem fornecimento de consentimento do titular, nas hipóteses em que for indispensável para:

a) cumprimento de obrigação legal ou regulatória pelo controlador;

b) tratamento compartilhado de dados necessários à execução, pela administração pública, de políticas públicas previstas em leis ou regulamentos;

(...).

pensa de consentimento, nos termos do inciso I do *caput* do art. 23 da LGPD, conforme segue a sua transcrição:

> **Art. 23.** O tratamento de dados pessoais pelas pessoas jurídicas de direito público referidas no parágrafo único do art. 1º da Lei nº 12.527, de 18 de novembro de 2011 (Lei de Acesso à Informação), deverá ser realizado para o atendimento de sua finalidade pública, na persecução do interesse público, com o objetivo de executar as competências legais ou cumprir as atribuições legais do serviço público, desde que:
>
> I – sejam informadas as hipóteses em que, no exercício de suas competências, realizam o tratamento de dados pessoais, fornecendo informações claras e atualizadas sobre a previsão legal, a finalidade, os procedimentos e as práticas utilizadas para a execução dessas atividades, em veículos de fácil acesso, preferencialmente em seus sítios eletrônicos;
>
> (...).

A comunicação ou o uso compartilhado de dados pessoais sensíveis entre controladores com objetivo de obter vantagem econômica poderá ser objeto de vedação ou de regulamentação por parte da autoridade nacional, ouvidos os órgãos setoriais do Poder Público, no âmbito de suas competências.

É vedada a comunicação ou o uso compartilhado entre controladores de dados pessoais sensíveis referentes à saúde com objetivo de obter vantagem econômica, exceto nas hipóteses relativas à prestação de serviços de saúde, de assistência farmacêutica e de assistência à saúde, desde que observado o § 5º do art. 11 da LGPD[15], incluídos os serviços auxiliares de diagnose e terapia, em benefício dos interesses dos titulares de dados, e para permitir:

I – a portabilidade de dados quando solicitada pelo titular; ou

II – as transações financeiras e administrativas resultantes do uso e da prestação dos serviços de que trata o § 4º do art. 11 da LGPD.

## 2.7 DOS DADOS ANONIMIZADOS

Os dados anonimizados, previstos no art. 12 da LGPD, não serão considerados dados pessoais para os fins dessa Lei, salvo quando o processo de anonimização ao

15 Art. 11 da LGPD: (...) § 5º É vedado às operadoras de planos privados de assistência à saúde o tratamento de dados de saúde para a prática de seleção de riscos na contratação de qualquer modalidade, assim como na contratação e exclusão de beneficiários.

qual foram submetidos for revertido, utilizando exclusivamente meios próprios, ou quando, com esforços razoáveis, puder ser revertido.

A determinação do que seja razoável deve levar em consideração fatores objetivos, tais como custo e tempo necessários para reverter o processo de anonimização, de acordo com as tecnologias disponíveis, e a utilização exclusiva de meios próprios.

Poderão ser igualmente considerados como dados pessoais, para os fins da LGPD, aqueles utilizados para formação do perfil comportamental de determinada pessoa natural, se identificada.

Segundo Evandro Ruiz (2020, p. 120):

> De fato, a anonimização de dados pessoais e a reidentificação são domínio de científicos de constante investigação e, a cada dia, são publicadas novas descobertas sobre estes temas. Há de se reforçar também que nós regularmente acrescentamos às nossas vidas novas demandas sociais e novos aparatos tecnológicos que resgatam e também perpetuam nossas marcas pessoais. Neste universo de crescente volume de informações pessoais, até mesmo os dados anonimizados, como estatísticas, podem ser utilizados para enriquecer perfis pessoais. Portanto, a anonimização de dados pessoais não precisa ser considerada como mais uma obrigação necessária de normalização social, mas talvez possa ser vista como uma amaneira de preservação da identidade de uma série de riscos inerentes a esta exposição crescente de dados pessoais.

A autoridade nacional poderá dispor sobre padrões e técnicas utilizados em processos de anonimização e realizar verificações acerca de sua segurança, ouvido o Conselho Nacional de Proteção de Dados Pessoais.

## 2.8 DO TRATAMENTO DE DADOS PARA ESTUDOS EM SAÚDE PÚBLICA

Consoante o art. 13 da LGPD, na realização de estudos em saúde pública, os órgãos de pesquisa poderão ter acesso a bases de dados pessoais, que serão tratados exclusivamente dentro do órgão e estritamente para a finalidade de realização de estudos e pesquisas e mantidos em ambiente controlado e seguro, conforme práticas de segurança previstas em regulamento específico e que incluam, sempre que possível, a anonimização ou pseudonimização dos dados, bem como considerem os devidos padrões éticos relacionados a estudos e pesquisas.

A divulgação dos resultados ou de qualquer excerto do estudo ou da pesquisa de que trata o *caput* desse artigo em nenhuma hipótese poderá revelar dados pessoais.

O órgão de pesquisa será o responsável pela segurança da informação, não permitida, em circunstância alguma, a transferência dos dados a terceiro.

O acesso aos dados será objeto de regulamentação por parte da autoridade nacional e das autoridades da área de saúde e sanitárias, no âmbito de suas competências.

Ainda, deve-se considerar que a pseudonimização é o tratamento por meio do qual um dado perde a possibilidade de associação, direta ou indireta, a um indivíduo, senão pelo uso de informação adicional mantida separadamente pelo controlador em ambiente controlado e seguro.

## 2.9 DO TRATAMENTO DE DADOS PESSOAIS DE CRIANÇAS E DE ADOLESCENTES

O tratamento de dados pessoais de crianças e de adolescentes deverá ser realizado em seu melhor interesse, nos termos do art. 14 da LGPD.

No Brasil, existem vários dispositivos de proteção à criança e ao adolescente, como o art. 227 da CF/1988 e o Estatuto da Criança e do Adolescente.

A proteção à criança e ao adolescente do art. 227 da CF/1988 prevê o seguinte:

> **Art. 227.** É dever da família, da sociedade e do Estado assegurar à criança, ao adolescente e ao jovem, com absoluta prioridade, o direito à vida, à saúde, à alimentação, à educação, ao lazer, à profissionalização, à cultura, à dignidade, ao respeito, à liberdade e à convivência familiar e comunitária, além de colocá-los a salvo de toda forma de negligência, discriminação, exploração, violência, crueldade e opressão.
>
> § 1º O Estado promoverá programas de assistência integral à saúde da criança, do adolescente e do jovem, admitida a participação de entidades não governamentais, mediante políticas específicas e obedecendo aos seguintes preceitos:
>
> I – aplicação de percentual dos recursos públicos destinados à saúde na assistência materno-infantil;
>
> II – criação de programas de prevenção e atendimento especializado para as pessoas portadoras de deficiência física, sensorial ou mental, bem como de integração social do adolescente e do jovem portador de deficiência, mediante o treinamento para o trabalho e a convivência, e a facilitação do acesso aos bens e serviços coletivos, com a eliminação de obstáculos arquitetônicos e de todas as formas de discriminação.
>
> § 2º A lei disporá sobre normas de construção dos logradouros e dos edifícios de uso público e de fabricação de veículos de transporte coletivo, a fim de garantir acesso adequado às pessoas portadoras de deficiência.

> § 3º O direito a proteção especial abrangerá os seguintes aspectos:
>
> I - idade mínima de quatorze anos para admissão ao trabalho, observado o disposto no art. 7º, XXXIII;
>
> II - garantia de direitos previdenciários e trabalhistas;
>
> III - garantia de acesso do trabalhador adolescente e jovem à escola;
>
> IV - garantia de pleno e formal conhecimento da atribuição de ato infracional, igualdade na relação processual e defesa técnica por profissional habilitado, segundo dispuser a legislação tutelar específica;
>
> V - obediência aos princípios de brevidade, excepcionalidade e respeito à condição peculiar de pessoa em desenvolvimento, quando da aplicação de qualquer medida privativa da liberdade;
>
> VI - estímulo do Poder Público, através de assistência jurídica, incentivos fiscais e subsídios, nos termos da lei, ao acolhimento, sob a forma de guarda, de criança ou adolescente órfão ou abandonado;
>
> VII - programas de prevenção e atendimento especializado à criança, ao adolescente e ao jovem dependente de entorpecentes e drogas afins.
>
> § 4º A lei punirá severamente o abuso, a violência e a exploração sexual da criança e do adolescente.
>
> § 5º A adoção será assistida pelo Poder Público, na forma da lei, que estabelecerá casos e condições de sua efetivação por parte de estrangeiros.
>
> § 6º Os filhos, havidos ou não da relação do casamento, ou por adoção, terão os mesmos direitos e qualificações, proibidas quaisquer designações discriminatórias relativas à filiação.
>
> § 7º No atendimento dos direitos da criança e do adolescente levar-se-á em consideração o disposto no art. 204.
>
> § 8º A lei estabelecerá:
>
> I - o estatuto da juventude, destinado a regular os direitos dos jovens;
>
> II - o plano nacional de juventude, de duração decenal, visando à articulação das várias esferas do poder público para a execução de políticas públicas. (Incluído pela Emenda Constitucional nº 65, de 2010)

O tratamento de dados pessoais de crianças deverá ser realizado com o consentimento específico e **em destaque dado por pelo menos um dos pais ou pelo responsável legal**.

Poderão ser coletados dados pessoais de crianças sem o consentimento de um dos seus pais quando a coleta for necessária para contatar os pais ou o responsável legal, utilizados uma única vez e sem armazenamento, ou para sua proteção, e em nenhum caso poderão ser repassados a terceiro sem o consentimento do responsável pela criança.

Os controladores não deverão condicionar a participação de crianças e adolescentes em jogos, aplicações de internet ou outras atividades ao fornecimento de informações pessoais além das estritamente necessárias à atividade.

O controlador deve realizar todos os esforços razoáveis para verificar que o consentimento foi dado pelo responsável pela criança, consideradas as tecnologias disponíveis.

A proteção de dados da criança e adolescente prevista na GDPR, assim como aparece na lei ora em comento, reforça a necessidade de se buscar certeza do consentimento dado pelos pais utilizando-se dos mais diversos avanços tecnológicos para que o efetivo titular das responsabilidades parentais da criança seja quem dê essa autorização. A simples previsão em termos de uso e privacidade de classificação etária para a utilização do produto ou serviço não se mostra suficiente para atingir o objetivo almejado com a norma. A obtenção do consentimento pelo controlador deverá observar, portanto, padrões técnicos para assegurar que o consentimento foi efetivamente dado pelo responsável legal, sob pena de se considerar ilícito o tratamento de dados, já que não autorizado conforme prevê a lei (BORELLI; OLIVEIRA; MENDONÇA, 2019).

Nesse cenário, as Instituições de Ensino deverão se atentar, de forma redobrada, ao exposto na LGPD e garantir maior zelo, transparência e tratamento especial a dados pessoais de crianças, por armazenarem dados extremamente relevantes de seus alunos. Por exemplo: ficha médica, desempenho acadêmico, relatórios de atividades, opiniões e manifestações pessoais dos seus funcionários sobre os alunos. Infere-se, portanto, dando atenção especial ao uso dos dados pessoais de crianças e adolescentes, que a Lei Geral de Proteção de Dados visa assegurar direitos constitucionais, como os previsto no art. 16 da Convenção sobre os Direitos da Criança da ONU, o qual possui força de emenda constitucional, e no art. 227, que dispõe ser dever da família, da sociedade e do Estado assegurar à criança, ao adolescente e ao jovem, com absoluta prioridade, o direito à proteção de dados pessoais, como um direito fundamental inerente à sociedade de informação e do mundo conectado (BORELLI; OLIVEIRA; MENDONÇA, 2019).

As informações sobre o tratamento de dados de crianças e adolescentes deverão ser fornecidas de maneira simples, clara e acessível, consideradas as características físico-motoras, perceptivas, sensoriais, intelectuais e mentais do usuário, com uso de recursos audiovisuais quando adequado, de forma a proporcionar a informação necessária aos pais ou ao responsável legal e adequada ao entendimento da criança.

## 2.10 DO TÉRMINO DO TRATAMENTO DE DADOS

Nos termos do art. 15 da LGPD, o término do tratamento de dados pessoais ocorrerá nas seguintes hipóteses:

> I – verificação de que a finalidade foi alcançada ou de que os dados deixaram de ser necessários ou pertinentes ao alcance da finalidade específica almejada;
>
> II – fim do período de tratamento;
>
> III – comunicação do titular, inclusive no exercício de seu direito de revogação do consentimento conforme disposto no § 5º do art. 8º desta Lei, resguardado o interesse público; ou
>
> IV – determinação da autoridade nacional, quando houver violação ao disposto na LGPD.

O princípio da finalidade se coaduna com o término do tratamento de dados, já que, devidamente alcançada a finalidade para a qual o dado foi coletado, deverá terminar o seu tratamento. Além do alcance da finalidade, a lei estabelece que o titular dos dados coletados poderá – a qualquer tempo – revogar o consentimento dado, resguardando o interesse público. Ao transplantar-se a regra prevista em lei ao cotidiano dos cidadãos brasileiros, é possível verificar que não só a mentalidade da população em geral deverá mudar como também as práticas comerciais e empresariais, que terão que estar preparadas para, qualquer tempo, mediante a revogação do consentimento do titular, paralisar o tratamento de seus dados pessoais, o que ainda é extremamente incomum (TEIXEIRA; ARMELIN, 2020, p. 82-83).

Já nos termos do art. 16 da LGPD, os dados pessoais serão eliminados após o término de seu tratamento, no âmbito e nos limites técnicos das atividades, autorizada a conservação para as seguintes finalidades:

> I – cumprimento de obrigação legal ou regulatória pelo controlador;
>
> II – estudo por órgão de pesquisa, garantida, sempre que possível, a anonimização dos dados pessoais;
>
> III – transferência a terceiro, desde que respeitados os requisitos de tratamento de dados dispostos na LGPD; ou
>
> IV – uso exclusivo do controlador, vedado seu acesso por terceiro, e desde que anonimizados os dados.

Veja-se o caso do empregador que tem uma pessoa desligada de seu quadro de empregados, terminando-se, assim, o tratamento dos seus dados pessoais. Nessa hipótese, o empregador poderá manter os dados pessoais de seu ex-funcionário para se precaver de possíveis demandas judiciais, mantendo tão somente aqueles necessários ao subsídio de eventual defesa e/ou manifestação, com a eliminação dos demais. Ainda é recomendável, diante do previsto em lei, que, decorrido o prazo prescricional de possíveis demandas, os dados pessoais sejam eliminados por completo de seu banco de dados. Os órgãos de pesquisa também estão autorizados a conservar os dados pessoais, mesmo após o término do tratamento, apenas para estudo, não podendo utilizá-los para qualquer outra utilidade (TEIXEIRA; ARMELIN, 2020, p. 84).

## 3. DOS DIREITOS DO TITULAR

De acordo com o art. 17 da LGPD, toda pessoa natural tem assegurada a titularidade de seus dados pessoais e garantidos os direitos fundamentais de liberdade, de intimidade e de privacidade, nos termos da LGPD.

Observa-se, na análise do artigo, a preocupação do legislador em deixar claro que, independentemente do local onde se encontram os dados e está sendo realizado seu tratamento, o titular das informações é a pessoa natural, visto se tratar de seu direito de personalidade.

A própria individualidade do titular deverá ser repensada de forma que não mais se contraponha ao bem comum, mas que a ele seja incorporada. Separados, o bem comum e a individualidade podem enfraquecer a privacidade, já que os interesses sociais tendem a prevalecer sobre os individuais em um possível conflito de princípios. Quando se fala em proteção de dados pessoais, esse sopesamento deverá levar em consideração essa nova dinâmica de relacionamento entre o individual e o coletivo (LEONARDI, 2011, p. 121-122).

Conforme o art. 18 da LGPD, o titular dos dados pessoais tem direito a obter do controlador, em relação aos dados do titular por ele tratados, a qualquer momento e mediante requisição:

I – confirmação da existência de tratamento;

II – acesso aos dados;

III – correção de dados incompletos, inexatos ou desatualizados;

IV – anonimização, bloqueio ou eliminação de dados desnecessários, excessivos ou tratados em desconformidade com o disposto da LGPD;

V – portabilidade dos dados a outro fornecedor de serviço ou produto, mediante requisição expressa, de acordo com a regulamentação da autoridade nacional, observados os segredos comercial e industrial;

Quanto à portabilidade de dados pessoais, à semelhança do que ocorreu com a telefonia brasileira, poderá facilitar em muito a vida dos cidadãos brasileiros, que poderão portar informações suas coletadas ao longo de anos de relacionamento com uma empresa para outra qualquer de sua escolha. As empresas, por outro lado, terão que correr contra o tempo para adequarem tecnologia a fim de possibilitar a portabilidade de seus sistemas para um sistema diverso, sem, contudo, revelar seus segredos comercial e/ou industrial. Ora, imagine poder portar todos os seus gostos e preferências do Netflix ou Spotify para outra plataforma semelhante, por meio de uma simples requisição, isso tornaria até o processo de escolha do usuário mais livre (TEIXEIRA; ARMELIN, 2020, p. 88).

VI – eliminação dos dados pessoais tratados com o consentimento do titular, exceto nas hipóteses previstas no art. 16 da LGPD[16];

VII – informação das entidades públicas e privadas com as quais o controlador realizou uso compartilhado de dados;

VIII – informação sobre a possibilidade de não fornecer consentimento e sobre as consequências da negativa;

IX – revogação do consentimento, nos termos do § 5º do art. 8º da LGPD[17].

O titular dos dados pessoais tem o direito de peticionar em relação aos seus dados contra o controlador perante a autoridade nacional.

Ademais, o titular pode opor-se a tratamento realizado com fundamento em uma das hipóteses de dispensa de consentimento, em caso de descumprimento ao disposto da LGPD.

Os direitos previstos no art. 18 da LGPD serão exercidos mediante requerimento expresso do titular ou de representante legalmente constituído, a agente de tratamento.

---

16 Art. 16. Os dados pessoais serão eliminados após o término de seu tratamento, no âmbito e nos limites técnicos das atividades, autorizada a conservação para as seguintes finalidades:

I – cumprimento de obrigação legal ou regulatória pelo controlador;

II – estudo por órgão de pesquisa, garantida, sempre que possível, a anonimização dos dados pessoais;

III – transferência a terceiro, desde que respeitados os requisitos de tratamento de dados dispostos nesta Lei; ou

IV – uso exclusivo do controlador, vedado seu acesso por terceiro, e desde que anonimizados os dados.

17 Art. 8º O consentimento previsto no inciso I do art. 7º desta Lei deverá ser fornecido por escrito ou por outro meio que demonstre a manifestação de vontade do titular.

(...)

§ 5º O consentimento pode ser revogado a qualquer momento mediante manifestação expressa do titular, por procedimento gratuito e facilitado, ratificados os tratamentos realizados sob amparo do consentimento anteriormente manifestado enquanto não houver requerimento de eliminação, nos termos do inciso VI do *caput* do art. 18 desta Lei.

Em caso de impossibilidade de adoção imediata da providência de que trata o § 3º do art. 18 da LGPD[18], o controlador enviará ao titular resposta em que poderá:

> I – comunicar que não é agente de tratamento dos dados e indicar, sempre que possível, o agente; ou
>
> II – indicar as razões de fato ou de direito que impedem a adoção imediata da providência.

O requerimento referido no § 3º do art. 18 da LGPD será atendido sem custos para o titular, nos prazos e nos termos previstos em regulamento.

O responsável deverá informar, de maneira imediata, aos agentes de tratamento com os quais tenha realizado uso compartilhado de dados a correção, a eliminação, a anonimização ou o bloqueio dos dados, para que repitam idêntico procedimento, exceto nos casos em que essa comunicação seja comprovadamente impossível ou implique esforço desproporcional.

A portabilidade dos dados pessoais a que se refere o inciso V do art. 18 da LGPD[19] não inclui dados que já tenham sido anonimizados pelo controlador.

Nos termos do art. 19 da LGPD, a confirmação de existência ou o acesso a dados pessoais serão providenciados, mediante requisição do titular:

> I – em formato simplificado, imediatamente; ou
>
> II – por meio de declaração clara e completa, que indique a origem dos dados, a inexistência de registro, os critérios utilizados e a finalidade do tratamento, observados os segredos comercial e industrial, fornecida no prazo de até 15 (quinze) dias, contado da data do requerimento do titular.

Os dados pessoais serão armazenados em formato que favoreça o exercício do direito de acesso.

As informações e os dados poderão ser fornecidos, a critério do titular:

---

18 Art. 8º O consentimento previsto no inciso I do art. 7º desta Lei deverá ser fornecido por escrito ou por outro meio que demonstre a manifestação de vontade do titular.

(...)

§ 3º Os direitos previstos neste artigo serão exercidos mediante requerimento expresso do titular ou de representante legalmente constituído, a agente de tratamento.

19 Art. 18. O titular dos dados pessoais tem direito a obter do controlador, em relação aos dados do titular por ele tratados, a qualquer momento e mediante requisição:

(...).

V – portabilidade dos dados a outro fornecedor de serviço ou produto, mediante requisição expressa, de acordo com a regulamentação da autoridade nacional, observados os segredos comercial e industrial;

**I - por meio eletrônico, seguro e idôneo para esse fim; ou**

**II - sob forma impressa.**

Quando o tratamento tiver origem no consentimento do titular ou em contrato, o titular poderá solicitar cópia eletrônica integral de seus dados pessoais, observados os segredos comercial e industrial, nos termos de regulamentação da autoridade nacional, em formato que permita a sua utilização subsequente, inclusive em outras operações de tratamento.

A autoridade nacional poderá dispor de forma diferenciada acerca dos prazos previstos nos incisos I e II do art. 19 da LGPD[20] para os setores específicos.

O titular dos dados tem direito a solicitar a revisão de decisões tomadas unicamente com base em tratamento automatizado de dados pessoais que afetem seus interesses, incluídas as decisões destinadas a definir o seu perfil pessoal, profissional, de consumo e de crédito ou os aspectos de sua personalidade (art. 20 da LGPD).

O controlador deverá fornecer, sempre que solicitadas, informações claras e adequadas a respeito dos critérios e dos procedimentos utilizados para a decisão automatizada, observados os segredos comercial e industrial.

Em caso de não oferecimento de informações de que trata o § 1º do art. 20 da LGPD[21] baseado na observância de segredo comercial e industrial, a autoridade nacional poderá realizar auditoria para verificação de aspectos discriminatórios em tratamento automatizado de dados pessoais.

Os dados pessoais referentes ao exercício regular de direitos pelo titular não podem ser utilizados em seu prejuízo, conforme disposto no art. 21 da LGPD.

Nos termos do art. 22 da LGPD, a defesa dos interesses e dos direitos dos titulares de dados poderá ser exercida em juízo, individual ou coletivamente, na forma do disposto na legislação pertinente, acerca dos instrumentos de tutela individual e coletiva.

---

20 Art. 19. A confirmação de existência ou o acesso a dados pessoais serão providenciados, mediante requisição do titular:

I - em formato simplificado, imediatamente; ou

II - por meio de declaração clara e completa, que indique a origem dos dados, a inexistência de registro, os critérios utilizados e a finalidade do tratamento, observados os segredos comercial e industrial, fornecida no prazo de até 15 (quinze) dias, contado da data do requerimento do titular.

21 Art. 20. O titular dos dados tem direito a solicitar a revisão de decisões tomadas unicamente com base em tratamento automatizado de dados pessoais que afetem seus interesses, incluídas as decisões destinadas a definir o seu perfil pessoal, profissional, de consumo e de crédito ou os aspectos de sua personalidade.

§ 1º O controlador deverá fornecer, sempre que solicitadas, informações claras e adequadas a respeito dos critérios e dos procedimentos utilizados para a decisão automatizada, observados os segredos comercial e industrial.

Sobre a possibilidade de utilização da tutela coletiva, pontua Marcel Leonardi (2011, p. 232) o seguinte:

> Isso porque, em uma sociedade em massa, mecanismos de tutela individual podem resolver de modo eficiente as pretensões isoladas levadas a juízo, mas dificilmente levam a mudanças concretas nas práticas de mercado e modelos de negócio adotado por empresas. Os custos de eventuais indenizações, multas e seguros costumam ser incorporados ao cálculo do preço de produtos e serviços, de forma que modificar ou manter determinado comportamento lesivo que traz vantagens competitivas torna-se, em muitos casos, uma escolha puramente econômica, calculada de forma a encontrar a melhor relação custo-benefício à atividade empresarial. Esse é, inclusive, um dos elementos que justificam a imposição de valores elevados, a título de multa diária, quando se quer obrigar uma empresa de grande porte a fazer ou deixar de fazer alguma coisa.
>
> Contudo, pensamos que a tutela coletiva – representada pelo sistema legal formado principalmente pela Lei da Ação Civil Pública e pelo Código de Defesa do Consumidor – tem mais capacidade de forçar mudanças concretas em certas atitudes adotadas pelo mercado, bem como em modelo de negócio que são indiferentes à proteção de direitos fundamentais, notadamente no âmbito da internet.

Ou seja, conforme anteriormente exposto por Leonardi, algumas irregularidades são pensadas de maneira econômica pelas empresas, visto que, no Brasil, tal decisão gera lucro, em face de a maioria das ações judiciais ser de cunho individual, não alcançando, assim, a totalidade de pessoas lesadas.

## 4. DO TRATAMENTO DE DADOS PESSOAIS PELO PODER PÚBLICO

De acordo com o art. 23 da LGPD, o tratamento de dados pessoais pelas pessoas jurídicas de direito público referidas no parágrafo único do art. 1º da Lei nº 12.527, de 18 de novembro de 2011[22] (Lei de Acesso à Informação), deverá ser realizado para

22 Art. 1º Esta Lei dispõe sobre os procedimentos a serem observados pela União, Estados, Distrito Federal e Municípios, com o fim de garantir o acesso a informações previsto no inciso XXXIII do art. 5º, no inciso II do § 3º do art. 37 e no § 2º do art. 216 da Constituição Federal.

Parágrafo único. Subordinam-se ao regime desta Lei:

I – os órgãos públicos integrantes da administração direta dos Poderes Executivo, Legislativo, incluindo as Cortes de Contas, e Judiciário e do Ministério Público;

II – as autarquias, as fundações públicas, as empresas públicas, as sociedades de economia mista e demais entidades controladas direta ou indiretamente pela União, Estados, Distrito Federal e Municípios.

o atendimento de sua finalidade pública, na persecução do interesse público, com o objetivo de executar as competências legais ou cumprir as atribuições legais do serviço público, desde que:

> I – sejam informadas as hipóteses em que, no exercício de suas competências, realizam o tratamento de dados pessoais, fornecendo informações claras e atualizadas sobre a previsão legal, a finalidade, os procedimentos e as práticas utilizadas para a execução dessas atividades, em veículos de fácil acesso, preferencialmente em seus sítios eletrônicos;
>
> II – (VETADO);
>
> III – seja indicado um encarregado quando realizarem operações de tratamento de dados pessoais, nos termos do art. 39 da LGPD[23]; e
>
> IV – (VETADO).

A autoridade nacional poderá dispor sobre as formas de publicidade das operações de tratamento.

O disposto na LGPD não dispensa as pessoas jurídicas mencionadas no *caput* do art. 23 de instituir as autoridades de que trata a Lei de Acesso à Informação.

Os prazos e procedimentos para exercício dos direitos do titular perante o Poder Público observarão o disposto em legislação específica, em especial as disposições constantes da Lei nº 9.507, de 12 de novembro de 1997 (Lei do *Habeas Data*), da Lei nº 9.784, de 29 de janeiro de 1999 (Lei Geral do Processo Administrativo), e da Lei nº 12.527, de 18 de novembro de 2011 (Lei de Acesso à Informação).

Os serviços notariais e de registro exercidos em caráter privado, por delegação do Poder Público, terão o mesmo tratamento dispensado às pessoas jurídicas referidas no *caput* do art. 23 da LGPD.

Os órgãos notariais e de registro devem fornecer acesso aos dados por meio eletrônico para a administração pública, tendo em vista as finalidades de que trata o *caput* do art. 23 da LGPD[24].

---

23 Art. 39 da LGPD: O operador deverá realizar o tratamento segundo as instruções fornecidas pelo controlador, que verificará a observância das próprias instruções e das normas sobre a matéria.

24 Art. 23. O tratamento de dados pessoais pelas pessoas jurídicas de direito público referidas no parágrafo único do art. 1º da Lei nº 12.527, de 18 de novembro de 2011 (Lei de Acesso à Informação), deverá ser realizado para o atendimento de sua finalidade pública, na persecução do interesse público, com o objetivo de executar as competências legais ou cumprir as atribuições legais do serviço público, desde que:

I – sejam informadas as hipóteses em que, no exercício de suas competências, realizam o tratamento de dados pessoais, fornecendo informações claras e atualizadas sobre a previsão legal, a finalidade, os proce-

O art. 24 da LGPD menciona que as empresas públicas e as sociedades de economia mista que atuam em regime de concorrência, sujeitas ao disposto no art. 173 da CF[25], terão o mesmo tratamento dispensado às pessoas jurídicas de direito privado particulares, nos termos da LGPD.

As empresas públicas e as sociedades de economia mista, quando estiverem operacionalizando políticas públicas e no âmbito da execução delas, terão o mesmo tratamento dispensado aos órgãos e às entidades do Poder Público.

Os dados deverão ser mantidos em formato interoperável e estruturado para o uso compartilhado, com vistas à execução de políticas públicas, à prestação de serviços públicos, à descentralização da atividade pública e à disseminação e ao acesso das informações pelo público em geral (art. 25 da LGPD).

Conforme disposto no art. 26 da LGPD, o uso compartilhado de dados pessoais pelo Poder Público deve atender a finalidades específicas de execução de políticas pú-

dimentos e as práticas utilizadas para a execução dessas atividades, em veículos de fácil acesso, preferencialmente em seus sítios eletrônicos;

II - (VETADO); e

III - seja indicado um encarregado quando realizarem operações de tratamento de dados pessoais, nos termos do art. 39 desta Lei; e

IV - (VETADO).

25 Art. 173 da CF: Ressalvados os casos previstos nesta Constituição, a exploração direta de atividade econômica pelo Estado só será permitida quando necessária aos imperativos da segurança nacional ou a relevante interesse coletivo, conforme definidos em lei.

§ 1º A lei estabelecerá o estatuto jurídico da empresa pública, da sociedade de economia mista e de suas subsidiárias que explorem atividade econômica de produção ou comercialização de bens ou de prestação de serviços, dispondo sobre:

I - sua função social e formas de fiscalização pelo Estado e pela sociedade;

II - a sujeição ao regime jurídico próprio das empresas privadas, inclusive quanto aos direitos e obrigações civis, comerciais, trabalhistas e tributários;

III - licitação e contratação de obras, serviços, compras e alienações, observados os princípios da administração pública;

IV - a constituição e o funcionamento dos conselhos de administração e fiscal, com a participação de acionistas minoritários;

V - os mandatos, a avaliação de desempenho e a responsabilidade dos administradores.

§ 2º As empresas públicas e as sociedades de economia mista não poderão gozar de privilégios fiscais não extensivos às do setor privado.

§ 3º A lei regulamentará as relações da empresa pública com o Estado e a sociedade.

§ 4º A lei reprimirá o abuso do poder econômico que vise à dominação dos mercados, à eliminação da concorrência e ao aumento arbitrário dos lucros.

§ 5º A lei, sem prejuízo da responsabilidade individual dos dirigentes da pessoa jurídica, estabelecerá a responsabilidade desta, sujeitando-a às punições compatíveis com sua natureza, nos atos praticados contra a ordem econômica e financeira e contra a economia popular.

blicas e atribuição legal pelos órgãos e pelas entidades públicas, respeitados os princípios de proteção de dados pessoais elencados no art. 6º da LGPD[26].

É vedado ao Poder Público transferir a entidades privadas dados pessoais constantes de bases de dados a que tenha acesso, exceto:

> **I - em casos de execução descentralizada de atividade pública que exija a transferência, exclusivamente para esse fim específico e determinado, observado o disposto na Lei nº 12.527, de 18 de novembro de 2011 (Lei de Acesso à Informação);**
>
> **II - (VETADO);**
>
> **III - nos casos em que os dados forem acessíveis publicamente, observadas as disposições da LGPD;**
>
> **IV - quando houver previsão legal ou a transferência for respaldada em contratos, convênios ou instrumentos congêneres; ou**
>
> **V - na hipótese de a transferência dos dados objetivar exclusivamente a prevenção de fraudes e irregularidades, ou proteger e resguardar a segurança**

---

26 Art. 6º As atividades de tratamento de dados pessoais deverão observar a boa-fé e os seguintes princípios:

I - finalidade: realização do tratamento para propósitos legítimos, específicos, explícitos e informados ao titular, sem possibilidade de tratamento posterior de forma incompatível com essas finalidades;

II - adequação: compatibilidade do tratamento com as finalidades informadas ao titular, de acordo com o contexto do tratamento;

III - necessidade: limitação do tratamento ao mínimo necessário para a realização de suas finalidades, com abrangência dos dados pertinentes, proporcionais e não excessivos em relação às finalidades do tratamento de dados;

IV - livre acesso: garantia, aos titulares, de consulta facilitada e gratuita sobre a forma e a duração do tratamento, bem como sobre a integralidade de seus dados pessoais;

V - qualidade dos dados: garantia, aos titulares, de exatidão, clareza, relevância e atualização dos dados, de acordo com a necessidade e para o cumprimento da finalidade de seu tratamento;

VI - transparência: garantia, aos titulares, de informações claras, precisas e facilmente acessíveis sobre a realização do tratamento e os respectivos agentes de tratamento, observados os segredos comercial e industrial;

VII - segurança: utilização de medidas técnicas e administrativas aptas a proteger os dados pessoais de acessos não autorizados e de situações acidentais ou ilícitas de destruição, perda, alteração, comunicação ou difusão;

VIII - prevenção: adoção de medidas para prevenir a ocorrência de danos em virtude do tratamento de dados pessoais;

IX - não discriminação: impossibilidade de realização do tratamento para fins discriminatórios ilícitos ou abusivos;

X - responsabilização e prestação de contas: demonstração, pelo agente, da adoção de medidas eficazes e capazes de comprovar a observância e o cumprimento das normas de proteção de dados pessoais e, inclusive, da eficácia dessas medidas.

**e a integridade do titular dos dados, desde que vedado o tratamento para outras finalidades.**

Já o art. 27 da LGPD trata que a comunicação ou o uso compartilhado de dados pessoais de pessoa jurídica de direito público a pessoa de direito privado será comunicado à autoridade nacional e dependerá de consentimento do titular, exceto:

I – nas hipóteses de dispensa de consentimento previstas na LGPD;

II – nos casos de uso compartilhado de dados, em que será dada publicidade nos termos do inciso I do *caput* do art. 23 da LGPD; ou

III – nas exceções constantes do § 1º do art. 26 da LGPD.

A autoridade nacional poderá solicitar, a qualquer momento, aos órgãos e às entidades do poder público a realização de operações de tratamento de dados pessoais, informações específicas sobre o âmbito e a natureza dos dados e outros detalhes do tratamento realizado, bem como poderá emitir parecer técnico complementar para garantir o cumprimento da LGPD, nos termos do seu art. 29.

Ademais, autoridade nacional poderá estabelecer normas complementares para as atividades de comunicação e de uso compartilhado de dados pessoais (art. 30 da LGPD).

### 4.1 DA RESPONSABILIDADE

Segundo o art. 31 da LGPD, quando houver infração a essa lei em decorrência do tratamento de dados pessoais por órgãos públicos, a autoridade nacional poderá enviar informe com medidas cabíveis para fazer cessar a violação.

A autoridade nacional poderá solicitar a agentes do Poder Público a publicação de relatórios de impacto à proteção de dados pessoais e sugerir a adoção de padrões e de boas práticas para os tratamentos de dados pessoais pelo Poder Público (art. 32 da LGPD).

## 5. DA TRANSFERÊNCIA INTERNACIONAL DE DADOS

Conforme disposto no art. 33 da LGPD, a transferência internacional de dados pessoais somente é permitida nos seguintes casos:

I – para países ou organismos internacionais que proporcionem grau de proteção de dados pessoais adequado ao previsto na LGPD;

- As pessoas jurídicas de direito público referidas no parágrafo único do art. 1º da Lei de Acesso à Informação,[27] no âmbito de suas competências legais, e responsáveis, no âmbito de suas atividades, poderão requerer à autoridade nacional a avaliação do nível de proteção a dados pessoais conferido por país ou organismo internacional.

II – quando o controlador oferecer e comprovar garantias de cumprimento dos princípios, dos direitos do titular e do regime de proteção de dados previstos na LGPD, na forma de:

a) cláusulas contratuais específicas para determinada transferência;

b) cláusulas-padrão contratuais;

c) normas corporativas globais;

d) selos, certificados e códigos de conduta regularmente emitidos;

III – quando a transferência for necessária para a cooperação jurídica internacional entre órgãos públicos de inteligência, de investigação e de persecução, de acordo com os instrumentos de direito internacional;

IV – quando a transferência for necessária para a proteção da vida ou da incolumidade física do titular ou de terceiro;

V – quando a autoridade nacional autorizar a transferência;

VI – quando a transferência resultar em compromisso assumido em acordo de cooperação internacional;

VII – quando a transferência for necessária para a execução de política pública ou atribuição legal do serviço público, sendo dada publicidade nos termos do inciso I do *caput* do art. 23 da LGPD.

VIII – quando o titular tiver fornecido o seu consentimento específico e em destaque para a transferência, com informação prévia sobre o caráter internacional da operação, distinguindo claramente esta de outras finalidades; ou

---

27 Art. 1º Esta Lei dispõe sobre os procedimentos a serem observados pela União, Estados, Distrito Federal e Municípios, com o fim de garantir o acesso a informações previsto no inciso XXXIII do art. 5º, no inciso II do § 3º do art. 37 e no § 2º do art. 216 da Constituição Federal.

Parágrafo único. Subordinam-se ao regime desta Lei:

I – os órgãos públicos integrantes da administração direta dos Poderes Executivo, Legislativo, incluindo as Cortes de Contas, e Judiciário e do Ministério Público;

II – as autarquias, as fundações públicas, as empresas públicas, as sociedades de economia mista e demais entidades controladas direta ou indiretamente pela União, Estados, Distrito Federal e Municípios.

IX – quando necessário para atender as hipóteses previstas nos incisos II, V e VI do art. 7º da LGPD.

Sobre transferência internacional de dados, destacamos a fala do professor Andrei Gutierrez (2018, p. 218):

> E chegamos a um elemento crucial para países que estejam elaborando estratégias de desenvolvimento econômico e social. A imposição de restrições legais, regulatórias, ou até mesmo a ausência de infraestrutura física para o fluxo, de dados são elementos limitadores para uma estratégia desenvolvimentista na era digital. Por um lado, significam a impossibilidade de acesso às mais atuais tecnologias, prejudicando a competitividade de empresas localizadas no país que exportam produtos e serviços. Por outro, podem dificultar a importação e exportação de serviço – que dependeria de uma migração de profissionais, de servidores e aplicações para o país receptor do serviço. Esse é exatamente o caso de alguns provedores de aplicação que cessaram a oferta de seus produtos no mercado europeu a partir da entrada em vigor da GDPR, em 25 de maio de 2018.

O art. 34 da LGPD dispõe que o nível de proteção de dados do país estrangeiro ou do organismo internacional mencionado no inciso I do *caput* do art. 33 da LGPD será avaliado pela autoridade nacional, que levará em consideração:

I – as normas gerais e setoriais da legislação em vigor no país de destino ou no organismo internacional;

II – a natureza dos dados;

III – a observância dos princípios gerais de proteção de dados pessoais e direitos dos titulares previstos na LGPD;

IV – a adoção de medidas de segurança previstas em regulamento;

V – a existência de garantias judiciais e institucionais para o respeito aos direitos de proteção de dados pessoais; e

VI – outras circunstâncias específicas relativas à transferência.

O art. 35 e seus parágrafos da LGPD dizem que a definição do conteúdo de cláusulas-padrão contratuais, bem como a verificação de cláusulas contratuais específicas para determinada transferência, normas corporativas globais ou selos, certificados e códigos de conduta, será realizada pela autoridade nacional.

Na análise de cláusulas contratuais, de documentos ou de normas corporativas globais submetidas à aprovação da autoridade nacional, poderão ser requeridas informações suplementares ou realizadas diligências de verificação quanto às operações de tratamento, quando necessário.

A autoridade nacional poderá designar organismos de certificação para a realização do previsto no *caput* do art. 35 da LGPD, que permanecerão sob sua fiscalização nos termos definidos em regulamento.

Os atos realizados por organismo de certificação poderão ser revistos pela autoridade nacional e, caso em desconformidade com a LGPD, submetidos a revisão ou anulados.

Os agentes de tratamento devem adotar medidas de segurança, técnicas e administrativas aptas a proteger os dados pessoais de acessos não autorizados e de situações acidentais ou ilícitas de destruição, perda, alteração, comunicação ou qualquer forma de tratamento inadequado ou ilícito (*caput* do art. 46 da LGPD).

A doutrina tem utilizado de conceitos clássicos da segurança da informação para estruturar um efetivo plano emergencial quando há vazamento de dados:

> De forma geral, socorrendo-nos de conceitos clássicos de segurança de informação, pode-se definir um incidente de segurança como qualquer evento adverso, confirmado ou sob suspeita, que afete a tríade da segurança da informação: confidencialidade, integridade e disponibilidade dos dados. Para melhor entendimento, alguns exemplos de incidente de segurança são:
>
> (i) Perda ou roubo de dispositivos físicos, tais como *notebooks* ou dispositivos de armazenamento;
>
> (ii) Perda ou roubo de documentos que contenham dados pessoais;
>
> (iii) Acesso não autorizado a dados pessoais;
>
> (iv) Divulgação invertida de dados pessoais em virtude de "erro humano";
>
> (v) Divulgação inadvertida de dados pessoais em virtude de golpe, como resultado de procedimentos inadequados de verificação de identidade;
>
> (...). (SOMBRA; CASTELLANO, 2019, p. 169-170)

As garantias suficientes de observância dos princípios gerais de proteção e dos direitos do titular referidas no *caput* do art. 46 da LGPD serão também analisadas de acordo com as medidas técnicas e organizacionais adotadas pelo operador, de acordo com o previsto nos §§ 1º e 2º do art. 46 da LGPD[28].

---

28 Art. 46. Os agentes de tratamento devem adotar medidas de segurança, técnicas e administrativas aptas a proteger os dados pessoais de acessos não autorizados e de situações acidentais ou ilícitas de destruição, perda, alteração, comunicação ou qualquer forma de tratamento inadequado ou ilícito.

§ 1º A autoridade nacional poderá dispor sobre padrões técnicos mínimos para tornar aplicável o disposto no *caput* deste artigo, considerados a natureza das informações tratadas, as características específicas do

# 6. DOS AGENTES DE TRATAMENTO DE DADOS PESSOAIS

## 6.1 DO CONTROLADOR E DO OPERADOR

Conforme menciona o art. 37 da LGPD, o controlador e o operador devem manter registro das operações de tratamento de dados pessoais que realizarem, especialmente quando baseado no legítimo interesse.

A autoridade nacional poderá determinar ao controlador que elabore relatório de impacto à proteção de dados pessoais, inclusive de dados sensíveis, referente a suas operações de tratamento de dados, nos termos de regulamento, observados os segredos comercial e industrial. O relatório deverá conter, no mínimo, a descrição dos tipos de dados coletados, a metodologia utilizada para a coleta e para a garantia da segurança das informações e a análise do controlador com relação a medidas, salvaguardas e mecanismos de mitigação de risco adotados (art. 38 da LGPD).

O RIPD (Relatório de Impacto à Proteção de Dados Pessoais) é um documento que comprova que o controlador, ao perceber que um projeto que envolve tratamento de dados pessoais poderia carrear algum tipo de risco aos riscos fundamentais ou às liberdades individuais das pessoas naturais, realizou um prévio estudo sobre essa pretendida operação, identificando quais seriam esses riscos, a sua possibilidade de materialização, bem como quais medidas seriam prudentes para eliminar ou minimizar os efeitos adversos potencialmente advindos de tratamentos de dados em questão (PALHARES, 2019, p. 248).

O RIPD, instituído pela LGPD, foi, na verdade, uma cópia do *Data Protection Impact Assessment* (DPIA), previsto no art. 35º da GDPR:

> **Artigo 35º**
>
> **Avaliação de impacto sobre a proteção de dados**
>
> 1. Quando um certo tipo de tratamento, em particular que utilize novas tecnologias e tendo em conta a sua natureza, âmbito, contexto e finalidades, for suscetível de implicar um elevado risco para os direitos e liberdades das pessoas singulares, o responsável pelo tratamento procede, antes de iniciar o tratamento, a uma avaliação de impacto das

tratamento e o estado atual da tecnologia, especialmente no caso de dados pessoais sensíveis, assim como os princípios previstos no *caput* do art. 6º desta Lei.

§ 2º As medidas de que trata o *caput* deste artigo deverão ser observadas desde a fase de concepção do produto ou do serviço até a sua execução.

operações de tratamento previstas sobre a proteção de dados pessoais. Se um conjunto de operações de tratamento que apresentar riscos elevados semelhantes, pode ser analisado numa única avaliação.

2. Ao efetuar uma avaliação de impacto sobre a proteção de dados, o responsável pelo tratamento solicita o parecer do encarregado da proteção de dados, nos casos em que este tenha sido designado.

3. A realização de uma avaliação de impacto sobre a proteção de dados a que se refere o nº 1 é obrigatória nomeadamente em caso de:

a) Avaliação sistemática e completa dos aspetos pessoais relacionados com pessoas singulares, baseada no tratamento automatizado, incluindo a definição de perfis, sendo com base nela adotadas decisões que produzem efeitos jurídicos relativamente à pessoa singular ou que a afetem significativamente de forma similar;

b) Operações de tratamento em grande escala de categorias especiais de dados a que se refere o artigo 9º, nº 1, ou de dados pessoais relacionados com condenações penais e infrações a que se refere o artigo 10º; ou

c) Controle sistemático de zonas acessíveis ao público em grande escala.

4. A autoridade de controlo elabora e torna pública uma lista dos tipos de operações de tratamento sujeitos ao requisito de avaliação de impacto sobre a proteção de dados por força do n.º 1. A autoridade de controle comunica essas listas ao Comitê referido no artigo 68.º.

5. A autoridade de controlo pode também elaborar e tornar pública uma lista dos tipos de operações de tratamento em relação aos quais não é obrigatória uma análise de impacto sobre a proteção de dados. A autoridade de controle comunica essas listas ao Comitê.

6. Antes de adotar as listas a que se referem os n.ºs 4 e 5, a autoridade de controlo competente aplica o procedimento de controlo da coerência referido no artigo 63.º sempre que essas listas enunciem atividades de tratamento relacionadas com a oferta de bens ou serviços a titulares de dados ou com o controlo do seu comportamento em diversos Estados-Membros, ou possam afetar substancialmente a livre circulação de dados pessoais na União.

7. A avaliação inclui, pelo menos:

a) Uma descrição sistemática das operações de tratamento previstas e a finalidade do tratamento, inclusive, se for caso disso, os interesses legítimos do responsável pelo tratamento;

b) Uma avaliação da necessidade e proporcionalidade das operações de tratamento em relação aos objetivos;

c) Uma avaliação dos riscos para os direitos e liberdades dos titulares dos direitos a que se refere o nº 1; e

d) As medidas previstas para fazer face aos riscos, incluindo as garantias, medidas de segurança e procedimentos destinados a assegurar a proteção dos dados pessoais e a demonstrar a conformidade com o presente regulamento, tendo em conta os direitos e os legítimos interesses dos titulares dos dados e de outras pessoas em causa.

8. Ao avaliar o impacto das operações de tratamento efetuadas pelos responsáveis pelo tratamento ou pelos subcontratantes, em especial para efeitos de uma avaliação de impacto sobre a proteção de dados, é tido na devida conta o cumprimento dos códigos de conduta aprovados a que se refere o artigo 40.º por parte desses responsáveis ou subcontratantes.
9. Se for adequado, o responsável pelo tratamento solicita a opinião dos titulares de dados ou dos seus representantes sobre o tratamento previsto, sem prejuízo da defesa dos interesses comerciais ou públicos ou da segurança das operações de tratamento.
10. Se o tratamento efetuado por força do artigo 6.º, n.º 1, alínea c) ou e), tiver por fundamento jurídico o direito da União ou do Estado-Membro a que o responsável pelo tratamento está sujeito, e esse direito regular a operação ou as operações de tratamento específicas em questão, e se já tiver sido realizada uma avaliação de impacto sobre a proteção de dados no âmbito de uma avaliação de impacto geral no contexto da adoção desse fundamento jurídico, não são aplicáveis os n.os 1 a 7, salvo se os Estados-Membros considerarem necessário proceder a essa avaliação antes das atividades de tratamento.
11. Se necessário, o responsável pelo tratamento procede a um controlo para avaliar se o tratamento é realizado em conformidade com a avaliação de impacto sobre a proteção de dados, pelo menos quando haja uma alteração dos riscos que as operações de tratamento representam.

O operador deverá realizar o tratamento segundo as instruções fornecidas pelo controlador, que verificará a observância das próprias instruções e das normas sobre a matéria (art. 39 da LGPD).

Equivalente ao operador previsto na LGPD, temos o subcontratante na GDPR, conforme previsão no art. 28:

**Artigo 28º**

**Subcontratante**

1. Quando o tratamento dos dados for efetuado por sua conta, o responsável pelo tratamento recorre apenas a subcontratantes que apresentem garantias suficientes de execução de medidas técnicas e organizativas adequadas de uma forma que o tratamento satisfaça os requisitos do presente regulamento e assegure a defesa dos direitos do titular dos dados.

2. O subcontratante não contrata outro subcontratante sem que o responsável pelo tratamento tenha dado, previamente e por escrito, autorização específica ou geral. Em caso de autorização geral por escrito, o subcontratante informa o responsável pelo tratamento de quaisquer alterações pretendidas quanto ao aumento do número ou à substituição de outros subcontratantes, dando assim ao responsável pelo tratamento a oportunidade de se opor a tais alterações.
3. O tratamento em subcontratação é regulado por contrato ou outro ato normativo ao abrigo do direito da União ou dos Estados-Membros, que vincule o subcontratante ao responsável pelo tratamento, estabeleça o objeto e a duração do tratamento, a natureza e finalidade do tratamento, o tipo de dados pessoais e as categorias dos titulares dos dados, e as obrigações e direitos do responsável pelo tratamento. Esse contrato ou outro ato normativo estipulam, designadamente, que o subcontratante:

a) Trata os dados pessoais apenas mediante instruções documentadas do responsável pelo tratamento, incluindo no que respeita às transferências de dados para países terceiros ou organizações internacionais, a menos que seja obrigado a fazê-lo pelo direito da União ou do Estado-Membro a que está sujeito, informando nesse caso o responsável pelo tratamento desse requisito jurídico antes do tratamento, salvo se a lei proibir tal informação por motivos importantes de interesse público;
b) Assegura que as pessoas autorizadas a tratar os dados pessoais assumiram um compromisso de confidencialidade ou estão sujeitas a adequadas obrigações legais de confidencialidade;
c) Adota todas as medidas exigidas nos termos do artigo 32.º;
d) Respeita as condições a que se referem os n.ºs 2 e 4 para contratar outro subcontratante;
e) Toma em conta a natureza do tratamento, e na medida do possível, presta assistência ao responsável pelo tratamento através de medidas técnicas e organizativas adequadas, para permitir que este cumpra a sua obrigação de dar resposta aos pedidos dos titulares dos dados tendo em vista o exercício dos seus direitos previstos no capítulo III;
f) Presta assistência ao responsável pelo tratamento no sentido de assegurar o cumprimento das obrigações previstas nos artigos 32.º a 36.º, tendo em conta a natureza do tratamento e a informação ao dispor do subcontratante;
g) Consoante a escolha do responsável pelo tratamento, apaga ou devolve-lhe todos os dados pessoais depois de concluída a prestação de serviços relacionados com o tratamento, apagando as cópias existentes, a menos

que a conservação dos dados seja exigida ao abrigo do direito da União ou dos Estados-Membros; e

h) Disponibiliza ao responsável pelo tratamento todas as informações necessárias para demonstrar o cumprimento das obrigações previstas no presente artigo e facilita e contribui para as auditorias, inclusive as inspeções, conduzidas pelo responsável pelo tratamento ou por outro auditor por este mandatado.

No que diz respeito ao primeiro parágrafo, alínea h), o subcontratante informa imediatamente o responsável pelo tratamento se, no seu entender, alguma instrução violar o presente regulamento ou outras disposições do direito da União ou dos Estados-Membros em matéria de proteção de dados.

4. Se o subcontratante contratar outro subcontratante para a realização de operações específicas de tratamento de dados por conta do responsável pelo tratamento, são impostas a esse outro subcontratante, por contrato ou outro ato normativo ao abrigo do direito da União ou dos Estados-Membros, as mesmas obrigações em matéria de proteção de dados que as estabelecidas no contrato ou outro ato normativo entre o responsável pelo tratamento e o subcontratante, referidas no n.º 3, em particular a obrigação de apresentar garantias suficientes de execução de medidas técnicas e organizativas adequadas de uma forma que o tratamento seja conforme com os requisitos do presente regulamento. Se esse outro subcontratante não cumprir as suas obrigações em matéria de proteção de dados, o subcontratante inicial continua a ser plenamente responsável, perante o responsável pelo tratamento, pelo cumprimento das obrigações desse outro subcontratante.

5. O fato de o subcontratante cumprir um código de conduta aprovado conforme referido no artigo 40.º ou um procedimento de certificação aprovado conforme referido no artigo 42.º pode ser utilizado como elemento para demonstrar as garantias suficientes a que se referem os n.ºs 1 e 4 do presente artigo.

6. Sem prejuízo de um eventual contrato individual entre o responsável pelo tratamento e o subcontratante, o contrato ou outro ato normativo referidos nos n.ºs 3 e 4 do presente artigo podem ser baseados, totalmente ou em parte, nas cláusulas contratuais-tipo referidas nos n.ºs 7 e 8 do presente artigo, inclusivamente quando fazem parte de uma certificação concedida ao responsável pelo tratamento ou ao subcontratante por força dos artigos 42.º e 43.º.

7. A Comissão pode estabelecer cláusulas contratuais-tipo para as matérias referidas nos n.ºs 3 e 4 do presente artigo pelo procedimento de exame a que se refere o artigo 93.º, n.º 2.

8. A autoridade de controlo pode estabelecer cláusulas contratuais-tipo para as matérias referidas nos n.os 3 e 4 do presente artigo e de acordo com o procedimento de controlo da coerência referido no artigo 63.º.
9. O contrato ou outro ato normativo a que se referem os n.os 3 e 4 devem ser feitos por escrito, incluindo em formato eletrônico.
10. Sem prejuízo do disposto nos artigos 82.º, 83.º e 84.º, o subcontratante que, em violação do presente regulamento, determinar as finalidades e os meios de tratamento, é considerado responsável pelo tratamento no que respeita ao tratamento em questão.

A autoridade nacional poderá dispor sobre padrões de interoperabilidade para fins de portabilidade, livre acesso aos dados e segurança, assim como sobre o tempo de guarda dos registros, tendo em vista, especialmente, a necessidade e a transparência (art. 40 da LGPD).

## 6.2 DO ENCARREGADO PELO TRATAMENTO DE DADOS PESSOAIS

Nos termos do art. 41 e seus parágrafos da LGPD, o controlador deverá indicar encarregado pelo tratamento de dados pessoais. A identidade e as informações de contato do encarregado deverão ser divulgadas publicamente, de forma clara e objetiva, preferencialmente no sítio eletrônico do controlador.

As atividades do encarregado consistem em:

I – aceitar reclamações e comunicações dos titulares, prestar esclarecimentos e adotar providências;

II – receber comunicações da autoridade nacional e adotar providências;

III – orientar os funcionários e os contratados da entidade a respeito das práticas a serem tomadas em relação à proteção de dados pessoais; e

IV – executar as demais atribuições determinadas pelo controlador ou estabelecidas em normas complementares.

A autoridade nacional poderá estabelecer normas complementares sobre a definição e as atribuições do encarregado, inclusive hipóteses de dispensa da necessidade de sua indicação, conforme a natureza e o porte da entidade ou o volume de operações de tratamento de dados.

O encarregado, à semelhança do DPO, não está obrigado a garantir o cumprimento da LGPD, pois essa é uma atribuição dos agentes de tratamento de dados (controlador e operador). Não pode, portanto, o DPO, ou, na versão brasileira, o encarregado, ser responsabilizado pelo descumprimento da legislação, devendo sua responsabilidade pessoal estar limitada ao bom exercício de sua função, que, entre outras, inclui fornecer aos agentes todas as informações relativas à proteção de dados (CHAVES, 2018, p. 136).

## 6.3 DA RESPONSABILIDADE E DO RESSARCIMENTO DE DANOS

Conforme o art. 42 da LGPD, o controlador ou o operador que, em razão do exercício de atividade de tratamento de dados pessoais, causar a outrem dano patrimonial, moral, individual ou coletivo, em violação à legislação de proteção de dados pessoais, é obrigado a repará-lo.

A fim de assegurar a efetiva indenização ao titular dos dados:

I – o operador responde solidariamente pelos danos causados pelo tratamento quando descumprir as obrigações da legislação de proteção de dados ou quando não tiver seguido as instruções lícitas do controlador, hipótese em que o operador equipara-se ao controlador, salvo nos casos de exclusão previstos no art. 43 da LGPD;

II – os controladores que estiverem diretamente envolvidos no tratamento do qual decorreram danos ao titular dos dados respondem solidariamente, salvo nos casos de exclusão previstos no art. 43 da LGPD.

O juiz, no processo civil, poderá inverter o ônus da prova a favor do titular dos dados quando, a seu juízo, for verossímil a alegação, houver hipossuficiência para fins de produção de prova ou quando a produção de prova pelo titular resultar-lhe excessivamente onerosa.

A inversão do ônus da prova está prevista no art. 6º, VIII, do CDC, conforme segue transcrição:

> **Art. 6º** São direitos básicos do consumidor:
>
> VIII – a facilitação da defesa de seus direitos, inclusive com a inversão do ônus da prova, a seu favor, no processo civil, quando, a critério do juiz, for verossímil a alegação ou quando for ele hipossuficiente, segundo as regras ordinárias de experiências;
>
> (...).

Consoante o art. 42, § 3º, da LGPD:

> **Art. 42.** (...)
>
> (...)

> § 3º As ações de reparação por danos coletivos que tenham por objeto a responsabilização nos termos do *caput* deste artigo podem ser exercidas coletivamente em juízo, observado o disposto na legislação pertinente.

O CDC também prevê essa situação no seu art. 43, o qual transcrevemos:

> **Art. 43.** O consumidor, sem prejuízo do disposto no art. 86, terá acesso às informações existentes em cadastros, fichas, registros e dados pessoais e de consumo arquivados sobre ele, bem como sobre as suas respectivas fontes.
>
> § 1º Os cadastros e dados de consumidores devem ser objetivos, claros, verdadeiros e em linguagem de fácil compreensão, não podendo conter informações negativas referentes a período superior a cinco anos.
>
> § 2º A abertura de cadastro, ficha, registro e dados pessoais e de consumo deverá ser comunicada por escrito ao consumidor, quando não solicitada por ele.
>
> § 3º O consumidor, sempre que encontrar inexatidão nos seus dados e cadastros, poderá exigir sua imediata correção, devendo o arquivista, no prazo de cinco dias úteis, comunicar a alteração aos eventuais destinatários das informações incorretas.
>
> § 4º Os bancos de dados e cadastros relativos a consumidores, os serviços de proteção ao crédito e congêneres são considerados entidades de caráter público.
>
> § 5º Consumada a prescrição relativa à cobrança de débitos do consumidor, não serão fornecidas, pelos respectivos Sistemas de Proteção ao Crédito, quaisquer informações que possam impedir ou dificultar novo acesso ao crédito junto aos fornecedores.
>
> § 6º Todas as informações de que trata o *caput* deste artigo devem ser disponibilizadas em formatos acessíveis, inclusive para a pessoa com deficiência, mediante solicitação do consumidor.

Aquele que reparar o dano ao titular tem direito de regresso contra os demais responsáveis, na medida de sua participação no evento danoso.

Nos termos do art. 43 da LGPD, os agentes de tratamento só não serão responsabilizados quando provarem:

> I – que não realizaram o tratamento de dados pessoais que lhes é atribuído;
>
> II – que, embora tenham realizado o tratamento de dados pessoais que lhes é atribuído, não houve violação à legislação de proteção de dados; ou
>
> III – que o dano é decorrente de culpa exclusiva do titular dos dados ou de terceiro.

A culpa exclusiva do titular de dado ou mesmo de terceiros é hipótese extremamente difícil de ser comprovada, assemelhando ao que preveem o inciso III do § 3º do art. 12[29] e o inciso II do § 3º do art. 14[30], ambos do CDC, que excluem a responsabilidade do fornecedor se ficar provado que o acidente de consumo se deu em razão da culpa exclusiva da vítima ou por ação exclusiva de terceiro; portanto, não haveria nexo de causalidade entre o dano sofrido pelo consumidor e a atividade do fornecedor do produto do serviço (TEIXEIRA; ARMELIN, 2020, p. 130).

O art. 44 da LGPD prevê que o tratamento de dados pessoais será irregular quando deixar de observar a legislação ou quando não fornecer a segurança que o titular dele pode esperar, consideradas as circunstâncias relevantes, entre as quais:

I – o modo pelo qual é realizado;

II – o resultado e os riscos que razoavelmente dele se esperam;

III – as técnicas de tratamento de dados pessoais disponíveis à época em que foi realizado.

Responde pelos danos decorrentes da violação da segurança dos dados o controlador ou o operador que, ao deixar de adotar as medidas de segurança previstas no art. 46 da LGPD, der causa ao dano.

As hipóteses de violação do direito do titular no âmbito das relações de consumo permanecem sujeitas às regras de responsabilidade previstas na legislação pertinente (art. 45 da LGPD).

Como regras de proteção, destacamos os seguintes dispositivos do CDC:

> **Art. 14. O fornecedor de serviços responde, independentemente da existência de culpa, pela reparação dos danos causados aos consumidores por**

---

29 Art. 12 do CDC: O fabricante, o produtor, o construtor, nacional ou estrangeiro, e o importador respondem, independentemente da existência de culpa, pela reparação dos danos causados aos consumidores por defeitos decorrentes de projeto, fabricação, construção, montagem, fórmulas, manipulação, apresentação ou acondicionamento de seus produtos, bem como por informações insuficientes ou inadequadas sobre sua utilização e riscos.

(...)

**§ 3º O fabricante, o construtor, o produtor ou importador só não será responsabilizado quando provar:**

I – que não colocou o produto no mercado;

II – que, embora haja colocado o produto no mercado, o defeito inexiste;

**III – a culpa exclusiva do consumidor ou de terceiro.**

30 Art. 14 do CDC: O fornecedor de serviços responde, independentemente da existência de culpa, pela reparação dos danos causados aos consumidores por defeitos relativos à prestação dos serviços, bem como por informações insuficientes ou inadequadas sobre sua fruição e riscos.

(...)

**§ 3º O fornecedor de serviços só não será responsabilizado quando provar:**

I – que, tendo prestado o serviço, o defeito inexiste;

**II – a culpa exclusiva do consumidor ou de terceiro.**

defeitos relativos à prestação dos serviços, bem como por informações insuficientes ou inadequadas sobre sua fruição e riscos.

§ 1º O serviço é defeituoso quando não fornece a segurança que o consumidor dele pode esperar, levando-se em consideração as circunstâncias relevantes, entre as quais:

I – o modo de seu fornecimento;

II – o resultado e os riscos que razoavelmente dele se esperam;

III – a época em que foi fornecido.

§ 2º O serviço não é considerado defeituoso pela adoção de novas técnicas.

§ 3º O fornecedor de serviços só não será responsabilizado quando provar:

I – que, tendo prestado o serviço, o defeito inexiste;

II – a culpa exclusiva do consumidor ou de terceiro.

§ 4º A responsabilidade pessoal dos profissionais liberais será apurada mediante a verificação de culpa.

(...)

**Art. 56.** As infrações das normas de defesa do consumidor ficam sujeitas, conforme o caso, às seguintes sanções administrativas, sem prejuízo das de natureza civil, penal e das definidas em normas específicas:

I – multa;

II – apreensão do produto;

III – inutilização do produto;

IV – cassação do registro do produto junto ao órgão competente;

V – proibição de fabricação do produto;

VI – suspensão de fornecimento de produtos ou serviço;

VII – suspensão temporária de atividade;

VIII – revogação de concessão ou permissão de uso;

IX – cassação de licença do estabelecimento ou de atividade;

X – interdição, total ou parcial, de estabelecimento, de obra ou de atividade;

XI – intervenção administrativa;

XII – imposição de contrapropaganda.

Parágrafo único. As sanções previstas neste artigo serão aplicadas pela autoridade administrativa, no âmbito de sua atribuição, podendo ser aplicadas cumulativamente, inclusive por medida cautelar, antecedente ou incidente de procedimento administrativo.

**Art. 57.** A pena de multa, graduada de acordo com a gravidade da infração, a vantagem auferida e a condição econômica do fornecedor, será aplicada mediante procedimento administrativo, revertendo para o Fundo de que

> trata a Lei nº 7.347, de 24 de julho de 1985, os valores cabíveis à União, ou para os Fundos estaduais ou municipais de proteção ao consumidor nos demais casos. (Redação dada pela Lei nº 8.656, de 21.5.1993)
>
> Parágrafo único. A multa será em montante não inferior a duzentas e não superior a três milhões de vezes o valor da Unidade Fiscal de Referência (Ufir), ou índice equivalente que venha a substituí-lo.
>
> (...)
>
> **Art. 72.** Impedir ou dificultar o acesso do consumidor às informações que sobre ele constem em cadastros, banco de dados, fichas e registros:
>
> Pena - Detenção de seis meses a um ano ou multa.
>
> **Art. 73.** Deixar de corrigir imediatamente informação sobre consumidor constante de cadastro, banco de dados, fichas ou registros que sabe ou deveria saber ser inexata:
>
> Pena - Detenção de um a seis meses ou multa.

# 7. DA SEGURANÇA E DAS BOAS PRÁTICAS

## 7.1 DA SEGURANÇA E DO SIGILO DE DADOS

Referente à segurança e ao sigilo de dados, o art. 46 da LGPD dispõe que os agentes de tratamento devem adotar medidas de segurança, técnicas e administrativas aptas a proteger os dados pessoais de acessos não autorizados e de situações acidentais ou ilícitas de destruição, perda, alteração, comunicação ou qualquer forma de tratamento inadequado ou ilícito.

A autoridade nacional poderá dispor sobre padrões técnicos mínimos para tornar aplicável o disposto no *caput* do art. 46 da LGPD, considerados a natureza das informações tratadas, as características específicas do tratamento e o estado atual da tecnologia, especialmente no caso de dados pessoais sensíveis, assim como os princípios previstos no *caput* do art. 6º da LGPD.

Os agentes de tratamento ou qualquer outra pessoa que intervenha em uma das fases do tratamento obriga-se a garantir a segurança da informação prevista na LGPD em relação aos dados pessoais, mesmo após o seu término (art. 47 da LGPD).

O controlador deverá comunicar à autoridade nacional e ao titular a ocorrência de incidente de segurança que possa acarretar risco ou dano relevante aos titulares (art. 48 da LGPD).

A comunicação será feita em prazo razoável, conforme definido pela autoridade nacional, e deverá mencionar, no mínimo:

I – a descrição da natureza dos dados pessoais afetados;

II – as informações sobre os titulares envolvidos;

III – a indicação das medidas técnicas e de segurança utilizadas para a proteção dos dados, observados os segredos comercial e industrial;

IV – os riscos relacionados ao incidente;

V – os motivos da demora, no caso de a comunicação não ter sido imediata; e

VI – as medidas que foram ou que serão adotadas para reverter ou mitigar os efeitos do prejuízo.

A autoridade nacional verificará a gravidade do incidente e poderá, caso necessário para a salvaguarda dos direitos dos titulares, determinar ao controlador a adoção de providências, tais como:

I – ampla divulgação do fato em meios de comunicação; e

II – medidas para reverter ou mitigar os efeitos do incidente.

No juízo de gravidade do incidente, será avaliada eventual comprovação de que foram adotadas medidas técnicas adequadas que tornem os dados pessoais afetados ininteligíveis, no âmbito e nos limites técnicos de seus serviços, para terceiros não autorizados a acessá-los.

Nessa fase, é significativo que os riscos devem ser avaliados para decidir ou não se é caso de comunicação às autoridades. Mas, num primeiro momento, faz-se crucial ter cautela para a comunicação dos demais gestores, isto é, somente aqueles que são responsáveis para tomada de decisão cujo objetivo é reduzir danos, por exemplo, declaração para à imprensas, acionistas, SAC e titulares, deverão ser informados do vazamento (SOMBRA; CASTELLANO, 2019, p. 171).

Conforme previsto no art. 49 da LGPD, os sistemas utilizados para o tratamento de dados pessoais devem ser estruturados de forma a atender aos requisitos de segurança, aos padrões de boas práticas e de governança e aos princípios gerais previstos nessa lei e às demais normas regulamentares.

## 7.2 DAS BOAS PRÁTICAS E DA GOVERNANÇA

Nos termos do art. 50 da LGPD, os controladores e operadores, no âmbito de suas competências, pelo tratamento de dados pessoais, individualmente ou por meio de associações, poderão formular regras de boas práticas e de governança que estabeleçam as condições de organização, o regime de funcionamento, os procedimentos, incluindo reclamações e petições de titulares, as normas de segurança, os padrões técnicos, as obrigações específicas para os diversos envolvidos no tratamento, as ações educativas, os mecanismos internos de supervisão e de mitigação de riscos e outros aspectos relacionados ao tratamento de dados pessoais.

Em primeiro lugar, quanto ao conceito de governança corporativa, esta pode ser compreendida como um sistema pelo qual as sociedades são dirigidas e monitoradas, com o envolvimento de sócios, conselho de administração, diretoria, conselho fiscal e auditoria independente. Assim, trata-se de um conjunto de mecanismos que objetivam assegurar que o comportamento dos executivos, além de ético, seja alinhado aos interesses dos acionistas (TEIXEIRA, 2013, p. 285).

Conforme Rosseti e Andrade (2014, p. 114), a governança pressupõe algumas posturas essenciais, tais como:

> A integridade ética, permeando todos os sistemas de relações internas e externas;
>
> O senso de justiça no atendimento das expectativas e das demandas de todos os "constituintes organizacionais";
>
> A exatidão na prestação de contas, fundamental para a confiabilidade na gestão;
>
> A conformidade com as instituições legais e com os marcos regulatórios dentro dos quais se exercerão as atividades de empresas;
>
> A transparência, dentro dos limites em que a exposição dos objetivos estratégicos, dos projetos de alto impacto, das políticas e das operações das companhias não sejam conflitantes com a salvaguarda de seus interesses.

Ao estabelecer regras de boas práticas, o controlador e o operador levarão em consideração, em relação ao tratamento e aos dados, a natureza, o escopo, a finalidade e a probabilidade e a gravidade dos riscos e dos benefícios decorrentes de tratamento de dados do titular.

Segundo o **Manual ABA para adequação à LGPD**,[31] um programa de boas práticas de governança em privacidade deve:

> a. demonstrar o comprometimento da empresa em adotar processos e políticas internas que assegurem o cumprimento, de forma abrangente, de normas e boas práticas relativas à proteção de dados pessoais;
>
> b. ser aplicável a todo o conjunto de dados pessoais que estejam sob o controle da empresa, independentemente do modo como se realizou sua coleta;

31 ASSOCIAÇÃO BRASILEIRA DE ANUNCIANTES (ABA). **Manual ABA para adequação à LGPD**: orientações e boas práticas de governança de dados para publicitários. Disponível em: <http://aba.com.br/wp-content/uploads/2020/07/Manual_LGPD_04_junho.pdf>. Acesso em: 23 dez. 2020.

c. ser adaptado à estrutura, à escala e ao volume das operações da empresa, bem como à sensibilidade dos dados tratados;

d. estabelecer políticas e salvaguardas adequadas com base em processo de avaliação sistemática de impactos e riscos à privacidade;

e. ter o objetivo de estabelecer relação de confiança com o titular, por meio de atuação transparente e que assegure mecanismos de participação do titular;

f. estar integrado a sua estrutura geral de governança de forma a estabelecer e aplicar mecanismos de supervisão internos e externos;

g. contar com planos de resposta a incidentes e remediação; e

h. ser atualizado constantemente com base em informações obtidas a partir de monitoramento contínuo e avaliações periódicas.

Dessa forma, consoante Opice Blum (2020, p. 7-8):

> (...) as regras de Privacidade da organização são criadas em conexão com a própria Governança corporativa, irradiando orgânica e construtivamente nas atividades de tratamento de dados pessoais, posto que as regras devem ser seguidas por todos os colaboradores, que são a 1ª linha de defesa de uma organização. Este *framework* é composto por 11 pilares e cada um deles visa atender a uma necessidade prevista, direta ou indiretamente, pela LGPD. São eles
>
> **1. Gestão e Governança:** avalia-se a existência de uma estrutura que garanta o accountability do Programa de Privacidade, bem como o posicionamento do Encarregado e engajamento da liderança.
>
> **2. Coleta, Uso e Armazenamento:** o mais abrangente dos pilares, contempla os controles que a organização possui (políticas, processos, procedimentos etc.) para que os principais pontos do ciclo de vida do dado sejam executados dentro das regras previstas em Lei. Por exemplo, é nesse pilar que identificamos se as atividades de tratamento de dados possuem uma base legal adequada e se é atribuída (e observada) uma finalidade para o uso destes dados.
>
> **3. Transparência:** os titulares de dados precisam saber o que é feito com seus dados pessoais. Neste pilar, avalia-se a existência de mecanismos internos para identificar se a organização é suficientemente transparente com o titular do dado. Entra aqui também entender se os Avisos de Privacidade preenchem todos os requisitos legais.
>
> **4. Consentimento:** caso a organização utilize consentimento para tratar dados pessoais, deve-se garantir que todos os requisitos dessa base legal da LGPD sejam cumpridos (ser livre, informado e inequívoco). Além disso, a organização deve garantir controles para gerenciar a opção dos titulares – concessão ou revogação do consentimento.

**5. Exercícios de Direitos do Titular:** a organização deve possuir processos internos para garantir que os titulares sejam atendidos corretamente suas requisições, como possibilidade de revogação de consentimento, e de forma a não expor dados de terceiros nem segredos de negócio.

**6. Compartilhamento:** Avalia-se a existências de políticas e procedimentos que garantam que, ao compartilhar dados com terceiros (dentro ou fora do Brasil), estes sejam validados previamente e que salvaguardas técnicas e contratuais sejam impostas para evitar tratamento indevido destes dados.

**7. Segurança:** Os dados devem ser tratados de forma segura, portanto, a organização deve possuir um programa de segurança da informação que garante a aplicação das medidas de segurança necessárias, alinhadas aos riscos identificados e implementadas desde a concepção de novos produtos, serviços, processos etc.

**8. Resposta a Incidentes:** Não basta proteger o dado, deve-se estar preparado no caso de algum incidente (por exemplo, vazamento de dados). Aqui, é entendido o nível de prontidão da organização para a resposta de um incidente.

**9. Monitoramento:** Como todo bom programa de Compliance, é necessário monitorar se todas as regras, políticas, processos, procedimentos etc., estão sendo observados na prática. Além de identificar inconsistências – e poder agir para que estas não ocorram novamente – o monitoramento pode gerar indicadores que auxiliam na gestão do Programa de Privacidade.

**10. Avaliação de Risco:** é impossível olhar para todos os pontos ao mesmo tempo, principalmente, sabendo que recursos são limitados e devemos utilizá-lo com inteligência. Por isso, neste ponto identifica-se a existência de uma prática periódica de avaliação de riscos de Privacidade e se essa avaliação é utilizada para direcionar as prioridades do Programa de Privacidade.

**11. Treinamento e Comunicação:** a criação de uma cultura de Privacidade é indispensável para que todos os colaboradores sejam agentes de Privacidade e ajudem a organização a estar em conformidade. Avalia-se aqui a existência de um plano de treinamento e comunicação que esteja alinhado à política corporativa de Privacidade e Proteção de Dados.

Na aplicação dos princípios indicados nos incisos VII e VIII do *caput* do art. 6º da LGPD[32], o controlador, observados a estrutura, a escala e o volume de suas opera-

32 Art. 6º As atividades de tratamento de dados pessoais deverão observar a boa-fé e os seguintes princípios: (...)

ções, bem como a sensibilidade dos dados tratados e a probabilidade e a gravidade dos danos para os titulares dos dados, poderá:

I – implementar programa de governança em privacidade que, no mínimo:

a) demonstre o comprometimento do controlador em adotar processos e políticas internas que assegurem o cumprimento, de forma abrangente, de normas e boas práticas relativas à proteção de dados pessoais;

b) seja aplicável a todo o conjunto de dados pessoais que estejam sob seu controle, independentemente do modo como se realizou sua coleta;

c) seja adaptado à estrutura, à escala e ao volume de suas operações, bem como à sensibilidade dos dados tratados;

d) estabeleça políticas e salvaguardas adequadas com base em processo de avaliação sistemática de impactos e riscos à privacidade;

e) tenha o objetivo de estabelecer relação de confiança com o titular, por meio de atuação transparente e que assegure mecanismos de participação do titular;

f) esteja integrado a sua estrutura geral de governança e estabeleça e aplique mecanismos de supervisão internos e externos;

g) conte com planos de resposta a incidentes e remediação; e

h) seja atualizado constantemente com base em informações obtidas a partir de monitoramento contínuo e avaliações periódicas;

II – demonstrar a efetividade de seu programa de governança em privacidade quando apropriado e, em especial, a pedido da autoridade nacional ou de outra entidade responsável por promover o cumprimento de boas práticas ou códigos de conduta, os quais, de forma independente, promovam o cumprimento da LGPD.

As regras de boas práticas e de governança deverão ser publicadas e atualizadas periodicamente e poderão ser reconhecidas e divulgadas pela autoridade nacional.

A autoridade nacional estimulará a adoção de padrões técnicos que facilitem o controle pelos titulares dos seus dados pessoais (art. 51 da LGPD).

---

VII – segurança: utilização de medidas técnicas e administrativas aptas a proteger os dados pessoais de acessos não autorizados e de situações acidentais ou ilícitas de destruição, perda, alteração, comunicação ou difusão;

VIII – prevenção: adoção de medidas para prevenir a ocorrência de danos em virtude do tratamento de dados pessoais;

(...).

# 8. DA FISCALIZAÇÃO

## 8.1 DAS SANÇÕES ADMINISTRATIVAS

Conforme previsão no art. 52 da LGPD, os agentes de tratamento de dados, em razão das infrações cometidas às normas previstas nessa lei, ficam sujeitos às seguintes sanções administrativas aplicáveis pela autoridade nacional:

I – advertência, com indicação de prazo para adoção de medidas corretivas;

II – multa simples, de até 2% (dois por cento) do faturamento da pessoa jurídica de direito privado, grupo ou conglomerado no Brasil no seu último exercício, excluídos os tributos, limitada, no total, a R$ 50.000.000,00 (cinquenta milhões de reais) por infração;

III – multa diária, observado o limite total a que se refere o inciso II;

IV – publicização da infração após devidamente apurada e confirmada a sua ocorrência;

V – bloqueio dos dados pessoais a que se refere a infração até a sua regularização;

VI – eliminação dos dados pessoais a que se refere a infração;

VII – (VETADO);

VIII – (VETADO);

IX – (VETADO);

X – suspensão parcial do funcionamento do banco de dados a que se refere a infração pelo período máximo de 6 (seis) meses, prorrogável por igual período, até a regularização da atividade de tratamento pelo controlador;

XI – suspensão do exercício da atividade de tratamento dos dados pessoais a que se refere a infração pelo período máximo de 6 (seis) meses, prorrogável por igual período;

XII – proibição parcial ou total do exercício de atividades relacionadas a tratamento de dados.

As sanções serão aplicadas após procedimento administrativo que possibilite a oportunidade da ampla defesa, de forma gradativa, isolada ou cumulativa, de acordo com as peculiaridades do caso concreto e considerados os seguintes parâmetros e critérios:

I – a gravidade e a natureza das infrações e dos direitos pessoais afetados;

II – a boa-fé do infrator;

III – a vantagem auferida ou pretendida pelo infrator;

IV – a condição econômica do infrator;

V – a reincidência;

VI – o grau do dano;

VII – a cooperação do infrator;

VIII – a adoção reiterada e demonstrada de mecanismos e procedimentos internos capazes de minimizar o dano, voltados ao tratamento seguro e adequado de dados, em consonância com o disposto no inciso II do § 2º do art. 48 da LGPD[33];

IX – a adoção de política de boas práticas e governança;

X – a pronta adoção de medidas corretivas; e

XI – a proporcionalidade entre a gravidade da falta e a intensidade da sanção.

Dispõe o art. 53, bem como seus parágrafos, da LGPD que a autoridade nacional definirá, por meio de regulamento próprio sobre sanções administrativas a infrações a LGPD, que deverá ser objeto de consulta pública, as metodologias que orientarão o cálculo do valor-base das sanções de multa.

As metodologias a que se refere o *caput* desse artigo devem ser previamente publicadas, para ciência dos agentes de tratamento, e devem apresentar objetivamente as formas e dosimetrias para o cálculo do valor-base das sanções de multa, que deverão conter fundamentação detalhada de todos os seus elementos, demonstrando a observância dos critérios previstos na LGPD.

O regulamento de sanções e metodologias correspondentes deve estabelecer as circunstâncias e as condições para a adoção de multa simples ou diária.

O art. 54 da LGPD informa que o valor da sanção de multa diária aplicável às infrações a essa Lei deve observar a gravidade da falta e a extensão do dano ou prejuízo causado e ser fundamentado pela autoridade nacional. A intimação da sanção de multa diária deverá conter, no mínimo, a descrição da obrigação imposta, o prazo razoável e estipulado pelo órgão para o seu cumprimento e o valor da multa diária a ser aplicada pelo seu descumprimento.

---

33 Art. 48. O controlador deverá comunicar à autoridade nacional e ao titular a ocorrência de incidente de segurança que possa acarretar risco ou dano relevante aos titulares.

(...)

§ 2º A autoridade nacional verificará a gravidade do incidente e poderá, caso necessário para a salvaguarda dos direitos dos titulares, determinar ao controlador a adoção de providências, tais como:

II – medidas para reverter ou mitigar os efeitos do incidente.

# 9. DA AUTORIDADE NACIONAL DE PROTEÇÃO DE DADOS (ANPD) E DO CONSELHO NACIONAL DE PROTEÇÃO DE DADOS PESSOAIS E DA PRIVACIDADE

## 9.1 DA AUTORIDADE NACIONAL DE PROTEÇÃO DE DADOS (ANPD)

O art. 55-A da LGPD criou, sem aumento de despesa, a Autoridade Nacional de Proteção de Dados (ANPD), órgão da administração pública federal, integrante da Presidência da República.

A natureza jurídica da ANPD é transitória e poderá ser transformada pelo Poder Executivo em entidade da administração pública federal indireta, submetida a regime autárquico especial e vinculada à Presidência da República.

O provimento dos cargos e das funções necessários à criação e à atuação da ANPD está condicionado à expressa autorização física e financeira na lei orçamentária anual e à permissão na lei de diretrizes orçamentárias.

Já o art. 55-B da LGPD assegura autonomia técnica e decisória à ANPD.

A ANPD é composta de:

I – Conselho Diretor, órgão máximo de direção;

II – Conselho Nacional de Proteção de Dados Pessoais e da Privacidade;

III – Corregedoria;

IV – Ouvidoria;

V – órgão de assessoramento jurídico próprio; e

VI – unidades administrativas e unidades especializadas necessárias à aplicação do disposto na LGPD.

O art. 55-D, bem como seus parágrafos, da LGPD, informa que o Conselho Diretor da ANPD será composto de 5 (cinco) diretores, incluído o Diretor-Presidente.

Os membros do Conselho Diretor da ANPD serão escolhidos pelo Presidente da República e por ele nomeados, após aprovação pelo Senado Federal, nos termos da alínea *f* do inciso III do art. 52 da CF, e ocuparão cargo em comissão do Grupo-Direção e Assessoramento Superiores – DAS, no mínimo, de nível 5.

Os membros do Conselho Diretor serão escolhidos dentre brasileiros que tenham reputação ilibada, nível superior de educação e elevado conceito no campo de especialidade dos cargos para os quais serão nomeados.

O mandato dos membros do Conselho Diretor será de 4 (quatro) anos.

Os mandatos dos primeiros membros do Conselho Diretor nomeados serão de 2 (dois), de 3 (três), de 4 (quatro), de 5 (cinco) e de 6 (seis) anos, conforme estabelecido no ato de nomeação.

Na hipótese de vacância do cargo no curso do mandato de membro do Conselho Diretor, o prazo remanescente será completado pelo sucessor.

Já o *caput* do art. 55-E da LGPD diz que os membros do Conselho Diretor somente perderão seus cargos em virtude de renúncia, condenação judicial transitada em julgado ou pena de demissão decorrente de processo administrativo disciplinar.

Nos termos do *caput* desse artigo, cabe ao Ministro de Estado Chefe da Casa Civil da Presidência da República instaurar o processo administrativo disciplinar, que será conduzido por comissão especial constituída por servidores públicos federais estáveis.

Compete ao Presidente da República determinar o afastamento preventivo, somente quando assim recomendado pela comissão especial de que trata o § 1º do art. 55-E, e proferir o julgamento.

Nos termos do art. 55-F da LGPD, aplica-se aos membros do Conselho Diretor, após o exercício do cargo, o disposto no art. 6º da Lei nº 12.813, de 16 de maio de 2013, o qual transcrevemos:

> **Art. 6º** Configura conflito de interesses após o exercício de cargo ou emprego no âmbito do Poder Executivo federal:
>
> I – a qualquer tempo, divulgar ou fazer uso de informação privilegiada obtida em razão das atividades exercidas; e
>
> II – no período de 6 (seis) meses, contado da data da dispensa, exoneração, destituição, demissão ou aposentadoria, salvo quando expressamente autorizado, conforme o caso, pela Comissão de Ética Pública ou pela Controladoria-Geral da União:
>
> a) prestar, direta ou indiretamente, qualquer tipo de serviço a pessoa física ou jurídica com quem tenha estabelecido relacionamento relevante em razão do exercício do cargo ou emprego;
>
> b) aceitar cargo de administrador ou conselheiro ou estabelecer vínculo profissional com pessoa física ou jurídica que desempenhe atividade relacionada à área de competência do cargo ou emprego ocupado;
>
> c) celebrar com órgãos ou entidades do Poder Executivo federal contratos de serviço, consultoria, assessoramento ou atividades similares, vinculados, ainda que indiretamente, ao órgão ou entidade em que tenha ocupado o cargo ou emprego; ou

> d) intervir, direta ou indiretamente, em favor de interesse privado perante órgão ou entidade em que haja ocupado cargo ou emprego ou com o qual tenha estabelecido relacionamento relevante em razão do exercício do cargo ou emprego.

A infração anteriormente mencionada caracteriza ato de improbidade administrativa.

A estrutura regimental da ANPD será atribuição de ato do Presidente da República, já o regimento será de atribuição do Conselho Diretor. Até a data de entrada em vigor de sua estrutura regimental, a ANPD receberá o apoio técnico e administrativo da Casa Civil da Presidência da República para o exercício de suas atividades.

Os cargos em comissão e as funções de confiança da ANPD serão remanejados de outros órgãos e entidades do Poder Executivo federal (art. 55-H da LGPD). Os ocupantes dos cargos em comissão e das funções de confiança da ANPD serão indicados pelo Conselho Diretor e nomeados ou designados pelo Diretor-Presidente (art. 55-I da LGPD).

Nos termos do art. 55-J da LGPD, compete à ANPD:

> I – zelar pela proteção dos dados pessoais, nos termos da legislação;
>
> II – zelar pela observância dos segredos comercial e industrial, observada a proteção de dados pessoais e do sigilo das informações quando protegido por lei ou quando a quebra do sigilo violar os fundamentos do art. 2º da LGPD;
>
> III – elaborar diretrizes para a Política Nacional de Proteção de Dados Pessoais e da Privacidade;
>
> IV – fiscalizar e aplicar sanções em caso de tratamento de dados realizado em descumprimento à legislação, mediante processo administrativo que assegure o contraditório, a ampla defesa e o direito de recurso;
>
> V – apreciar petições de titular contra controlador após comprovada pelo titular a apresentação de reclamação ao controlador não solucionada no prazo estabelecido em regulamentação;
>
> VI – promover na população o conhecimento das normas e das políticas públicas sobre proteção de dados pessoais e das medidas de segurança;
>
> VII – promover e elaborar estudos sobre as práticas nacionais e internacionais de proteção de dados pessoais e privacidade;
>
> VIII – estimular a adoção de padrões para serviços e produtos que facilitem o exercício de controle dos titulares sobre seus dados pessoais, os quais deverão levar em consideração as especificidades das atividades e o porte dos responsáveis;

IX – promover ações de cooperação com autoridades de proteção de dados pessoais de outros países, de natureza internacional ou transnacional;

X – dispor sobre as formas de publicidade das operações de tratamento de dados pessoais, respeitados os segredos comercial e industrial;

XI – solicitar, a qualquer momento, às entidades do poder público que realizem operações de tratamento de dados pessoais informe específico sobre o âmbito, a natureza dos dados e os demais detalhes do tratamento realizado, com a possibilidade de emitir parecer técnico complementar para garantir o cumprimento da LGPD;

XII – elaborar relatórios de gestão anuais acerca de suas atividades;

XIII – editar regulamentos e procedimentos sobre proteção de dados pessoais e privacidade, bem como sobre relatórios de impacto à proteção de dados pessoais para os casos em que o tratamento representar alto risco à garantia dos princípios gerais de proteção de dados pessoais previstos na LGPD;

XIV – ouvir os agentes de tratamento e a sociedade em matérias de interesse relevante e prestar contas sobre suas atividades e planejamento;

XV – arrecadar e aplicar suas receitas e publicar, no relatório de gestão a que se refere o inciso XII do *caput* deste artigo, o detalhamento de suas receitas e despesas;

XVI – realizar auditorias, ou determinar sua realização, no âmbito da atividade de fiscalização de que trata o inciso IV e com a devida observância do disposto no inciso II do *caput* deste artigo, sobre o tratamento de dados pessoais efetuado pelos agentes de tratamento, incluído o poder público;

XVII – celebrar, a qualquer momento, compromisso com agentes de tratamento para eliminar irregularidade, incerteza jurídica ou situação contenciosa no âmbito de processos administrativos, de acordo com o previsto no Decreto-Lei nº 4.657, de 4 de setembro de 1942;

XVIII – editar normas, orientações e procedimentos simplificados e diferenciados, inclusive quanto aos prazos, para que microempresas e empresas de pequeno porte, bem como iniciativas empresariais de caráter incremental ou disruptivo que se autodeclarem startups ou empresas de inovação, possam adequar-se a LGPD;

XIX – garantir que o tratamento de dados de idosos seja efetuado de maneira simples, clara, acessível e adequada ao seu entendimento, nos termos da LGPD e da Lei nº 10.741, de 1º de outubro de 2003 (Estatuto do Idoso);

XX – deliberar, na esfera administrativa, em caráter terminativo, sobre a interpretação da LGPD, as suas competências e os casos omissos;

XXI – comunicar às autoridades competentes as infrações penais das quais tiver conhecimento;

XXII – comunicar aos órgãos de controle interno o descumprimento do disposto na LGPD por órgãos e entidades da administração pública federal;

XXIII – articular-se com as autoridades reguladoras públicas para exercer suas competências em setores específicos de atividades econômicas e governamentais sujeitas à regulação; e

XXIV – implementar mecanismos simplificados, inclusive por meio eletrônico, para o registro de reclamações sobre o tratamento de dados pessoais em desconformidade com a LGPD.

Ao impor condicionantes administrativas ao tratamento de dados pessoais por agente de tratamento privado, sejam eles limites, encargos ou sujeições, a ANPD deve observar a exigência de mínima intervenção, assegurados os fundamentos, os princípios e os direitos dos titulares previstos no art. 170 da CF, o qual transcrevemos:

> **Art. 170.** A ordem econômica, fundada na valorização do trabalho humano e na livre-iniciativa, tem por fim assegurar a todos existência digna, conforme os ditames da justiça social, observados os seguintes princípios:
>
> I – soberania nacional;
>
> II – propriedade privada;
>
> III – função social da propriedade;
>
> IV – livre concorrência;
>
> V – defesa do consumidor;
>
> VI – defesa do meio ambiente, inclusive mediante tratamento diferenciado conforme o impacto ambiental dos produtos e serviços e de seus processos de elaboração e prestação;
>
> VII – redução das desigualdades regionais e sociais;
>
> VIII – busca do pleno emprego;
>
> IX – tratamento favorecido para as empresas de pequeno porte constituídas sob as leis brasileiras e que tenham sua sede e administração no País.
>
> Parágrafo único. É assegurado a todos o livre exercício de qualquer atividade econômica, independentemente de autorização de órgãos públicos, salvo nos casos previstos em lei.

Os regulamentos e as normas editados pela ANPD devem ser precedidos de consulta e audiência públicas, bem como de análises de impacto regulatório.

A ANPD e os órgãos e entidades públicos responsáveis pela regulação de setores específicos da atividade econômica e governamental devem coordenar suas atividades, nas correspondentes esferas de atuação, com vistas a assegurar o cumprimento de suas atribuições com a maior eficiência e promover o adequado funcionamento dos setores regulados, conforme legislação específica, e o tratamento de dados pessoais, na forma da LGPD.

A ANPD manterá fórum permanente de comunicação, inclusive por meio de cooperação técnica, com órgãos e entidades da administração pública responsáveis pela regulação de setores específicos da atividade econômica e governamental, a fim de facilitar as competências regulatória, fiscalizatória e punitiva da ANPD.

No exercício das competências de que trata o *caput* do art. 55-J, a autoridade competente deverá zelar pela preservação do segredo empresarial e do sigilo das informações, nos termos da lei.

As reclamações colhidas conforme o disposto no inciso V do *caput* do art. 55-J da LGPD poderão ser analisadas de forma agregada, e as eventuais providências delas decorrentes poderão ser adotadas de forma padronizada.

O art. 55-K da LGPD e seus parágrafos mencionam que a aplicação das sanções previstas na LGPD compete exclusivamente à ANPD, e suas competências prevalecerão, no que se refere à proteção de dados pessoais, sobre as competências correlatas de outras entidades ou órgãos da administração pública.

A ANPD articulará sua atuação com outros órgãos e entidades com competências sancionatórias e normativas afetas ao tema de proteção de dados pessoais e será o órgão central de interpretação da LGPD e do estabelecimento de normas e diretrizes para a sua implementação.

Nos termos do art. 55-L da LGPD, constituem receitas da ANPD:

> I – as dotações, consignadas no orçamento geral da União, os créditos especiais, os créditos adicionais, as transferências e os repasses que lhe forem conferidos;
>
> II – as doações, os legados, as subvenções e outros recursos que lhe forem destinados;
>
> III – os valores apurados na venda ou aluguel de bens móveis e imóveis de sua propriedade;
>
> IV – os valores apurados em aplicações no mercado financeiro das receitas previstas neste artigo;
>
> V – (VETADO);

VI – os recursos provenientes de acordos, convênios ou contratos celebrados com entidades, organismos ou empresas, públicos ou privados, nacionais ou internacionais;

VII – o produto da venda de publicações, material técnico, dados e informações, inclusive para fins de licitação pública.

## 9.2 DO CONSELHO NACIONAL DE PROTEÇÃO DE DADOS PESSOAIS E DA PRIVACIDADE

Nos termos do art. 58-A da LGPD, o Conselho Nacional de Proteção de Dados Pessoais e da Privacidade será composto de 23 (vinte e três) representantes, titulares e suplentes, dos seguintes órgãos:

I – 5 (cinco) do Poder Executivo federal;

II – 1 (um) do Senado Federal;

III – 1 (um) da Câmara dos Deputados;

IV – 1 (um) do Conselho Nacional de Justiça;

V – 1 (um) do Conselho Nacional do Ministério Público;

VI – 1 (um) do Comitê Gestor da Internet no Brasil;

VII – 3 (três) de entidades da sociedade civil com atuação relacionada a proteção de dados pessoais;

VIII – 3 (três) de instituições científicas, tecnológicas e de inovação;

IX – 3 (três) de confederações sindicais representativas das categorias econômicas do setor produtivo;

X – 2 (dois) de entidades representativas do setor empresarial relacionado à área de tratamento de dados pessoais; e

XI – 2 (dois) de entidades representativas do setor laboral.

Os representantes serão designados por ato do Presidente da República, permitida a delegação.

Os representantes de que tratam os incisos I, II, III, IV, V e VI do *caput* do art. 58-A da LGPD e seus suplentes serão indicados pelos titulares dos respectivos órgãos e entidades da administração pública.

Já os representantes de que tratam os incisos VII, VIII, IX, X e XI do *caput* do art. 58-A da LGPD e seus suplentes:

I – serão indicados na forma de regulamento;

> II – não poderão ser membros do Comitê Gestor da Internet no Brasil;
>
> III – terão mandato de 2 (dois) anos, permitida 1 (uma) recondução.

A participação no Conselho Nacional de Proteção de Dados Pessoais e da Privacidade será considerada prestação de serviço público relevante, não remunerada.

Nos termos do art. 58-B da LGPD, compete ao Conselho Nacional de Proteção de Dados Pessoais e da Privacidade:

> I – propor diretrizes estratégicas e fornecer subsídios para a elaboração da Política Nacional de Proteção de Dados Pessoais e da Privacidade e para a atuação da ANPD;
>
> II – elaborar relatórios anuais de avaliação da execução das ações da Política Nacional de Proteção de Dados Pessoais e da Privacidade;
>
> III – sugerir ações a serem realizadas pela ANPD;
>
> IV – elaborar estudos e realizar debates e audiências públicas sobre a proteção de dados pessoais e da privacidade; e
>
> V – disseminar o conhecimento sobre a proteção de dados pessoais e da privacidade à população.

# TÍTULO II
# DA APLICAÇÃO PRÁTICA DA LGPD – IMPLEMENTAÇÃO NAS EMPRESAS

Agora que temos uma compreensão completa da Lei Geral de Proteção de Dados é hora de colocarmos a teoria em prática.

Nos próximos capítulos serão abordados os passos necessários para a implementação da adequação à LGPD, começando com os desafios e as oportunidades que a lei traz para sua organização, passando pelo que fazer, identificando os pontos-chave que devem ser atendidos e quais as preocupações que se deve ter durante a implementação e, por fim, chegando ao como fazer, com ações e modelos de documentos propostos para implementação.

# 1. DESAFIOS E OPORTUNIDADES

Do ponto de vista dos titulares, a LGPD deve representar uma nova fase de empoderamento e segurança. Acima de tudo, porque, pela lei, as empresas serão obrigadas a deixar transparente para os titulares o que fazem com suas informações pessoais[1]. Além disso, toda organização que coletar dados pessoais será responsável por garantir a proteção e a privacidade dessas informações.

Isso significa uma nova era no sentido de proteção de dados, pois a lei deixa claro quais obrigações e práticas as organizações devem seguir.

Já, na visão das organizações, a primeira reação costuma ser negativa, levando-se em conta os custos para a adaptação às novas regras impostas, além de muitas mudanças que, claro, não são fáceis de ser realizadas. No entanto, é possível também olhar para o lado positivo de toda essa nova regulamentação, já que ela pode trazer, inclusive, benefícios para as empresas, com propostas de ações de melhorias e oportunidade de inovação.

Entender os principais desafios e oportunidades auxilia na implementação da adequação, uma vez que traz luz para pontos que, eventualmente, podem passar despercebidos.

## 1.1 DESAFIOS

**Tempo:** esta edição foi lançada após a LGPD entrar em vigor, então, se sua empresa ainda não está adequada, já passou da hora. Sua organização provavelmente está exposta às sanções previstas na lei. O projeto de adequação costuma ser longo e trabalhoso, principalmente pelo fato de muitas organizações, as

1 Art. 5º da LGPD: (...) I – dado pessoal: informação relacionada a pessoa natural identificada ou identificável; (...).

pequenas em maior número, não possuírem seus processos mapeados e, consequentemente, quais são os dados pessoais que ficam armazenados em seus bancos de dados.

**Investimento:** a lei descreve a necessidade de implementação de uma governança sobre a segurança da informação; assim, demanda investimento para se adequar a essa realidade. Isso inclui pessoas qualificadas, como o Encarregado (DPO), alteração de processos, ferramentas para garantir a segurança das informações, criação de canais de comunicação com os titulares, treinamento de colaboradores e, eventualmente, contratação de consultorias.

**Atendimento aos titulares dos dados:** a LGPD garante aos titulares uma série de direitos, então se prepare para receber muitas solicitações dos titulares sobre a situação dos seus dados, atualizações, exclusão etc. Diante disso, será necessário se preparar para atender a esse novo processo, incluir plataformas, tempo disponível para a função e pessoas qualificadas para tal suporte, que demanda uma linguagem clara e transparente sobre os dados do titular.

**Implementar boas práticas:** para empresas que já adotam práticas de governança de TI de mercado, como COBIT, ISO 27000 ou ITIL, talvez este desafio já tenha sido superado ou exigirá menor esforço, mas essa não é a realidade de todas as empresas. Neste caso, o desafio é elaborar normas de governança para o tratamento de dados pessoais, medidas preventivas de segurança da informação, avaliação de riscos quanto à proteção de dados e ao monitoramento e à melhoria contínua sobre os processos de proteção de dados, para garantir a cultura da segurança da informação e da privacidade. De qualquer forma, para quem já implementa práticas de governança, vale a pena revisar os procedimentos para avaliar se está em conformidade com a LGPD.

**Capacidade de adaptação:** existem alguns pontos que não estão muito precisos na LGPD, por isso é fundamental que as empresas implementem processos que possam se adaptar, caso exigido. A Autoridade Nacional de Proteção de Dados (ANPD) também terá um papel importante na regulamentação das imprecisões da lei. Isso, na prática, significa que é necessário buscar uma metodologia escalável de adequação.

## 1.2 OPORTUNIDADES

**Organização e otimização:** em um primeiro momento, para a adaptação à lei, é preciso entender tudo o que está armazenado, a importância desses dados e de que forma isso é feito. O que realmente é necessário? Onde essas informações devem estar? Quem utiliza esses dados? Todas essas perguntas, e muitas outras, farão com que o seu time entenda o atual cenário de gestão de dados da empresa e trace um plano de ação. A consequência é evidente: otimização de rede, liberação de espaço na nuvem ou no *data center*, identificação e organização dos dados rastreados.

**Cultura de proteção de dados:** após a análise de todos os dados, é o momento de conscientizar seus colaboradores e capacitá-los. É essencial que todos entendam a responsabilidade de gerir dados pessoais, o que é a LGPD e como ela influenciará o cotidiano de cada um, como profissionais e cidadãos. A mudança impactará a maneira como algumas atividades são realizadas, e ensinar-lhes a importância da proteção de dados e da segurança da informação é primordial para o cumprimento da legislação e da estratégia da empresa.

**Relações mais transparentes:** um dos principais objetivos da lei é possibilitar maior transparência aos titulares sobre a utilização de suas informações pessoais. Atualmente, e cada vez mais, as pessoas e os sistemas estão conectados, assim o fluxo de dados é cada vez maior, e, muitas vezes, o seu destino ou uso é desconhecido. A LGPD é, portanto, uma oportunidade para as empresas se aproximarem de seus clientes e parceiros para mostrar seu comprometimento e sua responsabilidade com os dados pessoais que lhes são confiados.

**Valorização da segurança da informação:** será natural que a infraestrutura de TI seja cada vez mais segura, já que os fluxos de trabalho exigirão maior cuidado na gestão de dados. Dessa forma, as empresas começarão a criar políticas internas de segurança que contribuirão para redução dos riscos de uso inadequado de informações pessoais, bem como de invasões, violações ou vazamentos de dados.

**Transformação digital:** todas as mudanças para a adequação das empresas à lei implicarão em investimentos também em tecnologia. Assim, esse pode ser o momento ideal para começar, ou avançar, a transformação digital em sua organização, adotando ferramentas que permitam não só a segurança da informação, mas também a digitalização do seu negócio, como inteligência artificial (IA), internet das coisas (IoT) para captação, leitura e direcionamento inteligente de dados, entre outras tecnologias.

**Segurança jurídica:** a lei unifica todas as regras relacionadas à privacidade no país. Além disso, sua criação é essencial para manter o mercado brasileiro "na mesma página" que outros mercados do mundo. Cada vez mais leis específicas para a proteção de dados pessoais estão sendo criadas globalmente, e, por isso, tornou-se fundamental que o Brasil se adaptasse a essa nova tendência também.

**Aumento no ROI de *marketing*:** com a eliminação de informações irrelevantes que atrapalham o *marketing* de uma empresa, tais como *leads* perdidos ou endereços que não existem mais, o banco de dados estará mais organizado com clientes altamente relevantes. Com essas informações em mãos, o *marketing* consegue adaptar com maior facilidade suas mensagens de acordo com necessidades e hábitos específicos de um público claramente definido. Como consequência, veremos um aumento de seu Retorno sobre Investimento (ROI), pois os orçamentos e esforços serão gastos de maneira mais inteligente.

**Mercado internacional:** países que já implementaram a lei de proteção de dados podem restringir as negociações quando o país de origem ou destino dos dados não possui legislação correspondente. Portanto, haverá uma vantagem em relação aos países que ainda não adotaram uma legislação análoga.

## 2. O QUE FAZER?

As adequações para a nova lei trazem a necessidade de acompanhamento e busca de novas tecnologias que apoiem as empresas tanto na gestão dos dados quanto no atendimento aos usuários, *privacy by design*, segurança da informação, portabilidade, anonimização, qualidade e governança de dados, entre outras adequações.

Então, o que fazer? A seguir estão as principais obrigações, definidas pela LGPD, que as empresas deverão cumprir para que possam ser consideradas adequadas à lei.

### 2.1 NOMEAR UM ENCARREGADO DE PROTEÇÃO DE DADOS

A LGPD estipula que o controlador deverá indicar um encarregado[2] pelo tratamento de dados pessoais. Outra denominação comumente utilizada para encarregado é *Data Protection Officer* (DPO), termo emprestado da lei Europeia, a GDPR.

2 Art. 5º da LGPD: (...) VIII – **encarregado:** pessoa indicada pelo controlador e operador para atuar como canal de comunicação entre o controlador, os titulares dos dados e a Autoridade Nacional de Proteção de Dados (ANPD); (...).

O encarregado poderá ser uma pessoa física ou jurídica, sendo permitida a contratação de um prestador de serviços para essa finalidade. O encarregado deverá ter sua identidade e seus dados para contato identificados publicamente.

As atividades do encarregado são:

- receber reclamações e comunicações de titulares;
- prestar esclarecimentos e adotar providências necessárias diante da Autoridade Nacional de Proteção de Dados;
- orientar funcionários e demais envolvidos sobre boas práticas em relação à proteção de dados.

O encarregado, portanto, é o canal de comunicação entre a empresa e os titulares de dados[3], bem como entre a empresa e a ANPD.

## 2.2 REGISTRO DE OPERAÇÕES DE TRATAMENTO DE DADOS

A LGPD estipula que ambos os agentes deverão manter um registro de operações de tratamento que realizarem.

O operador deverá realizar o tratamento dentro das instruções do controlador, sempre que estas estiverem de acordo com a lei, ou seja, o operador precisa ter claro que o tratamento que ele faz não fere a LGPD.

O controlador, por sua vez, deverá observar o cumprimento de suas instruções junto ao operador. Visto que o controlador responde solidariamente quanto a todas as operações de tratamento realizadas pelo operador, é importante que haja uma maneira de garantir que o operador não utilize os dados para outros fins.

É recomendável que as responsabilidades e atribuições de cada uma das partes sejam definidas de forma clara em contrato, sempre que operador e controlador forem pessoas diferentes.

A autoridade nacional poderá solicitar um relatório de impacto de proteção de dados pessoais do controlador.

O controlador ou o operador devem manter registro das operações de tratamento de dados pessoais que realizarem, especialmente quando baseado no legítimo interesse. Não fica claro na lei como deve ser esse registro, a ANPD deverá dispor de normativas em relação ao tema. Por ora, o controlador, no mínimo, deve ter registrado quais dados de que faz tratamento e qual sua finalidade.

---

3 Art. 5º da LGPD: (...) V – **titular:** pessoa natural a quem se referem os dados pessoais que são objeto de tratamento; (...).

## 2.3 ELABORAR RELATÓRIO DE IMPACTO À PROTEÇÃO DE DADOS PESSOAIS

O Relatório de Impacto à Proteção de Dados Pessoais (RIPD), também conhecido como *Data Protection Impact Assessment* (DPIA) na GDPR, é definido como a documentação do controlador que contém a descrição dos processos de tratamento de dados pessoais que podem gerar riscos às liberdades civis e aos direitos fundamentais. Ele também deve apresentar medidas, salvaguardas e mecanismos de mitigação de risco adotados pela empresa.

A LGPD estabelece que a autoridade nacional poderá determinar que o controlador elabore um RIPD, inclusive de dados sensíveis, referente às suas operações de tratamento de dados, nos termos do regulamento, observados os segredos comercial e industrial. Estabelece, portanto, que o relatório deverá conter, no mínimo:

- a descrição dos tipos de dados coletados;
- a metodologia utilizada para a coleta e para a garantia da segurança das informações;
- a análise do controlador em relação a medidas, salvaguardas e mecanismos de mitigação de risco adotados.

Independentemente de ser, à primeira vista, apenas uma possibilidade de que a autoridade nacional exija a sua elaboração, o RIPD é um excelente instrumento para a prestação de contas e demonstração de conformidade com a LGPD. Recomenda-se sua elaboração antes de ser efetivamente solicitado.

## 2.4 FORNECER INFORMAÇÕES AOS TITULARES

O titular tem o direito de acesso facilitado a certas informações, que deverão ser apresentadas de forma clara, adequada e ostensiva. São elas:

- finalidade específica do tratamento;
- forma e duração do tratamento, observado o segredo comercial e industrial;
- identificação do controlador com informações de contato (encarregado);
- informações sobre o uso compartilhado dos dados pelo controlador e sua finalidade;
- responsabilidades dos agentes que realizarão o tratamento.

Essas informações deverão ser demonstradas, preferencialmente, no momento da coleta dos dados.

Qualquer alteração das informações relativas à finalidade do tratamento, à forma e à duração deste, à identificação do controlador ou a informações sobre o uso compartilhado dos dados deverá ser comunicada ao titular com destaque e de forma específica. Em caso de consentimento, deve-se dar a ele a possibilidade de revogação de seu consentimento.

## 2.5 ATENÇÃO AO CONSENTIMENTO E À GUARDA DE PROVAS

Se o seu tratamento de dados for fundamentado na hipótese de consentimento, o titular deve concordar, de forma explícita e inequívoca, que seus dados sejam tratados. Importante lembrar que o tratamento deve levar em conta princípios da LGPD.

Conforme a referida lei, o ônus da prova do consentimento é da empresa; assim, é essencial criar mecanismos eficazes para aquisição e guarda dessa opção.

## 2.6 ATENDER A SOLICITAÇÕES DOS TITULARES

Conforme dispõe o art. 18 e seus incisos da LGPD, o titular dos dados pessoais tem direito a obter do controlador, em relação aos dados do titular por ele tratados, mediante requisição, a qualquer momento e sem custos:

- confirmação da existência de tratamento;
- acesso aos dados pessoais objeto de tratamento;
- correção de dados incompletos, inexatos ou desatualizados;
- anonimização, bloqueio ou eliminação de dados desnecessários, excessivos ou em desconformidade com a lei;
- portabilidade de dados a outro fornecedor, observado o segredo comercial e ressalvados dados já anonimizados;
- eliminação de dados tratados com consentimento, exceto nos casos em que é permitida a conservação;
- informação de entidades públicas receptora de dados compartilhados pelo controlador;
- informações sobre a possibilidade de não consentir, e quais seriam as consequências;
- revogação do consentimento.

Existem somente dois casos de impossibilidade:

- se o responsável pela recepção do pedido não for o verdadeiro controlador, deverá informar esse fato ao titular e, se possível, indicar a pessoa correta;
- indicação de razões de fato ou de direito que impedem a tomada de tais providências de forma imediata.

Em caso de solicitação de correção, eliminação, anonimização ou bloqueio dos dados compartilhados com terceiros, o controlador deverá informar os demais agentes de tratamento para que estes realizem o mesmo procedimento.

A resposta de confirmação deverá ser apresentada, à escolha do titular, em formato simplificado imediatamente, ou em modelo completo dentro do prazo de até 15 dias. A resposta completa deve contemplar:

- origem dos dados;
- inexistência de registro, se for o caso;
- finalidade do tratamento;
- critérios utilizados para o tratamento

Assim, recomenda-se ter um canal aberto de comunicação com o cliente, pelo qual essas solicitações possam ser feitas e atendidas de forma rápida e descomplicada.

## 2.7 REPORTAR INCIDENTES

Em caso de incidente que envolva dados pessoais podendo implicar risco ou danos relevantes aos titulares, o controlador tem a obrigação de comunicá-lo aos titulares envolvidos e à ANPD. A comunicação deverá ser realizada em prazo razoável, contendo:

- descrição e natureza dos dados envolvidos;
- informações sobre os titulares envolvidos;
- indicação de medidas técnicas de segurança aplicadas, ressalvado o segredo comercial e industrial;
- quais são os riscos relacionados ao incidente;
- motivos da comunicação não imediata, se o caso;
- medidas futuras para reverter ou mitigar os prejuízos.

A autoridade nacional, por sua vez, poderá tomar certas medidas, como:

- divulgação ampla do fato, o que pode atingir a imagem da sua empresa perante o mercado;
- adoção de medidas para mitigação;
- avaliação de comprovação de que as medidas técnicas adequadas foram tomadas.

Importante reforçar que o agente responsável pelo tratamento dos dados deve garantir a segurança da informação mesmo após o término do tratamento. Verifica-se, nesse ponto, que, mesmo finalizado o tratamento do dado, caso este ainda se mantenha na base de dados do agente, ele será responsável por sua segurança.

Portanto, se houver algum incidente, não tente esconder. Comunique-o imediatamente à autoridade nacional, já que isso pode ser considerado na avaliação da ANPD para a aplicação de sanções. Nunca duvide de que possa acontecer um incidente e esteja preparado para responder prontamente, caso aconteça.

### 2.8 SEGUIR BOAS PRÁTICAS DE PROTEÇÃO DE DADOS

A lei estipula os padrões mínimos de um projeto de governança em privacidade a ser proposto pelo controlador, quais sejam:

- comprometimento do controlador em adotar práticas e políticas internas;
- aplicação em todo o conjunto de dados pessoais sob tratamento;
- adaptação à escala e ao volume de operações;
- transparência e participação dos titulares;
- integração com a estrutura geral de governança;
- planos de resposta a incidentes e remediação;
- atualização constante.

Outro conceito trazido pela lei é o *privacy by design*, em que a proteção dos dados pessoais é pensada desde a concepção do produto ou serviço até a sua execução. Por isso, busque instituir esse processo em seus novos projetos.

Recomenda-se, caso ainda não haja, a implantação das melhores práticas de Segurança da Informação, seguindo normas e *frameworks* já existentes.

Lembrando que a LGPD visa à proteção não somente de dados pessoais no meio digital, mas também de dados pessoais em meios físicos. Logo, é de suma importância fazer uma revisão de processos e eliminar quaisquer riscos à proteção de dados.

## 3. COMO FAZER?

Agora que temos claros os desafios e oportunidades trazidos pela LGPD e o que é preciso cumprir para estar adequado a ela, chegou a hora de colocar a "mão na massa" e entender como fazer para atender a todos os requisitos da lei.

Independentemente do tamanho da sua empresa, é necessário que se encare o processo de implementação da lei como um projeto, com começo, meio e fim. É evidente que as ações de proteção de dados e segurança da informação não terminam com o projeto e devem se tornar um processo de melhoria contínua.

Por isso, a abordagem deste livro é de um projeto para implantar um sistema de gestão da proteção de dados e da segurança da informação, que, além de criar a cultura da privacidade na empresa, deve ser melhorado gradativamente com ações de melhoria provenientes de sugestões e incidentes reportados pelos envolvidos.

## 3.1 APOIO DA ALTA ADMINISTRAÇÃO

A LGPD envolve mudanças profundas na forma de lidar com dados pessoais, e, para se conseguir a aderência da empresa, é imprescindível o engajamento da diretoria.

Nenhuma iniciativa ou ação realizada dentro de uma empresa pode ser completamente efetiva e atingir sua finalidade sem o envolvimento da alta administração. Contudo, sabe-se que nem sempre é fácil convencer e engajar todos os dirigentes de uma organização, principalmente se tratando de iniciativas que irão envolver esforços e investimento financeiro. Então, como fazer?

O primeiro passo é preparar um material sucinto e objetivo, que contenha informações e argumentos relevantes que possam evidenciar a importância das iniciativas e do programa a ser implementado, conscientizando e engajando a alta administração. Aqui, o segredo é a qualidade das informações e seu poder argumentativo e persuasivo.

Vale mencionar que a conformidade com a lei não é uma opção, mas uma obrigação. Mais que uma lei, trata-se de uma necessidade para a sustentabilidade do negócio. Utilize os desafios e oportunidades descritos neste livro, para demonstrar que, mesmo se tratando de uma obrigação, é possível tirar vantagem no processo de adequação.

Use argumentos relacionados aos riscos que serão minimizados e, consequentemente, os gastos que serão evitados, pois, em casos de vazamento, a empresa pode ter sua reputação impactada negativamente e perder sua confiabilidade perante o mercado.

Além disso, explicitar as sanções às quais a empresa estará sujeita com a não adequação pode ser um ótimo argumento. Lembrando que essas sanções serão definidas pela ANPD e podem ser desde um bloqueio no tratamento de dados, exclusão dos dados pessoais tratados, ressarcimento das vítimas, até mesmo multas administrativas, que podem chegar a 2 % do faturamento ou R$ 50.000.000,00.

Identifique os líderes capazes de influenciar nas decisões da direção e peça seu apoio ao projeto, assim você não será o único a falar do assunto e ele começará a ganhar importância na organização.

Se você faz parte da diretoria, seu desafio será montar uma equipe que reúna as habilidades e competências para levar o projeto adiante. Pela relevância do tema, recomenda-se que o encarregado ou o gerente do projeto de adequação trabalhe diretamente com a presidência ou o diretor responsável pela área, isso irá demonstrar a relevância do projeto para a empresa.

## 3.2 DEFINA O ENCARREGADO E A EQUIPE DO PROJETO

A LGPD obriga que a empresa nomeie um encarregado pelo tratamento de dados pessoais, cuja identidade e contato deverão ser divulgados publicamente. Ele será o responsável por atender às demandas dos titulares, interagir com a ANPD e orientar os colaboradores e terceiros quanto às práticas de proteção de dados pessoais.

Considerando as atribuições do encarregado e que a LGPD abrange várias áreas da empresa, principalmente a jurídica, a de processos de negócio e a de segurança da informação, é preciso identificar alguém na sua equipe que reúna os conhecimentos mínimos nessas áreas, além de habilidades de comunicação para interagir interna e externamente.

Muitos perguntam: de qual área da empresa o encarregado deve ser? Da área jurídica, RH, TI ou, em empresas maiores, *compliance*? Não há resposta certa para essa pergunta. Deve-se avaliar o seu negócio e onde a atuação do encarregado é mais relevante e qual profissional está mais preparado para o desafio.

A lei permite que essa função seja terceirizada, o que pode ser uma ótima alternativa, dependendo do tamanho e da complexidade do seu negócio. Ao avaliar, não leve em consideração somente o custo, mas, sim, que esse profissional deverá conhecer os processos da sua empresa para poder fazer as avaliações sobre a proteção de dados e, sobretudo, deverá ter condições de criar a cultura de proteção de dados na sua empresa.

**Lembre-se:** o encarregado deverá ter conhecimentos multidisciplinares e capacidade de interagir nas várias áreas da empresa.

Em relação à equipe do projeto, é necessário avaliar os processos que poderão ser impactados pela LGPD – basicamente, todos aqueles que envolvem tratamento de dados pessoais. Busque pessoas que conheçam os processos e que tenham disposição e disponibilidade para atuar no projeto.

Além de pessoas que conheçam os processos, é essencial alguém que dê suporte jurídico, para orientar sobre os aspectos da lei e em questões que envolvem contratos. Também não pode faltar na equipe do projeto um profissional da área de TI e/ou segurança da informação, ele deverá orientar sobre as boas práticas de segurança da informação e auxiliar na sua implantação.

Por fim, a equipe do projeto será multidisciplinar, envolvendo várias áreas da empresa, o que, certamente, vai facilitar a implementação do projeto e a implantação do sistema de gestão da proteção de dados e da segurança da informação.

Depois de escolhida a equipe, é importante que se faça um nivelamento do conhecimento sobre a lei e as atividades que serão desenvolvidas durante o projeto.

## 3.3 MAPEAMENTO DE DADOS

Com a equipe do projeto montada, treinada e engajada, a primeira atividade a ser feita é tomar conhecimento de todos os processos da empresa que fazem tratamento de dados pessoais.

Nesse ponto, o esforço necessário para esse levantamento vai ser proporcional ao nível de documentação dos processos que sua empresa possui. Empresas com procedimentos operacionais descritos e padronizados irão gastar menos tempo nessa atividade, já que a documentação dos processos proporciona uma visão dos dados pessoais utilizados. Se esse não é o caso, será preciso mapear todos os processos e identificar quais dados pessoais são utilizados em cada etapa.

Qualquer que seja o caso, crie uma planilha ou um documento padronizado para que toda a equipe alcance resultados semelhantes durante esse levantamento. Veja o modelo proposto a seguir como exemplo. Na sequência, há a explicação de cada linha da tabela.

| Identificação da atividade de tratamento | |
|---|---|
| **Nome do processo** | Admissão de Colaboradores |
| **Departamento** | Recursos Humanos |
| **Categorias de titulares** | Colaboradores |
| **Responsável** | Nome do responsável |
| **Última atualização** | Data da última revisão deste documento |
| **Identificação dos dados pessoais tratados** | |
| **Dados pessoais tratados** | Nome, CPF, PIS, endereço, *e-mail* etc. |
| **Dados pessoais sensíveis** | Raça/cor. |
| **Dados pessoais de criança/ adolescente** | Não. |

| Identificação dos dados pessoais tratados | |
|---|---|
| **Como os dados são obtidos?** | Para admissão, o novo colaborador deverá trazer foto 3×4, carteira de identidade, carteira de trabalho, CPF, atestado médico admissional etc. Os documentos são digitalizados. |
| **Onde os dados ficam armazenados?** | Os arquivos digitalizados ficam em uma pasta no servidor, na pasta RH/Fichas de Registro, com o nome e número de cadastro do novo colaborador. |
| **Descrição da atividade de tratamento** | |
| **Descreva, em detalhes, a finalidade do tratamento. Identifique também o fluxo dos dados sendo tratados** | Esta atividade tem por objetivo registrar a admissão de um novo colaborador e cumprir com as obrigações legais inerentes a esse processo.<br>Os dados coletados dos novos colaboradores são enviados à empresa de contabilidade para registro no sistema de folha de pagamento e envio ao Caged. |
| **Hipótese legal para tratamento de dados pessoais** | Execução de contrato ou de procedimentos preliminares relacionados a contrato do qual seja parte o titular, sob sua solicitação. |
| **Justificativa de legítimo interesse** | Não se aplica. |
| **Hipótese legal para tratamento de dados pessoais sensíveis** | Cumprimento de obrigação legal ou regulatória pelo controlador. |
| **Tratamento de dados pessoais de criança/adolescente** | Não há tratamento de dados de crianças/adolescentes nesta atividade. |
| **Método de obtenção/revogação do consentimento** | Não se aplica. |
| **Os dados pessoais são compartilhados com outro controlador?** | Não. |
| **Dados anonimizados?** | Não. |
| **Detalhar a(s) técnica(s) de anonimização utilizada(s)** | Não se aplica. |
| **Definições do término do tratamento** | |
| **Período de tratamento de dados** | Os dados do colaborador serão mantidos por todo o período em que prestar serviços para a empresa. Após a rescisão, os dados da Ficha de Registro ficarão arquivados por tempo indeterminado, conforme determina a lei. |

| Definições do término do tratamento | |
|---|---|
| **Descreva, em detalhes, as ações que serão tomadas após o fim do período de tratamento** | Não se aplica. |
| **Identificação dos operadores de tratamento** | |
| **Operador interno** | Departamento de Recursos Humanos. |
| **Responsabilidades do operador interno** | Coletar os documentos para a admissão de novos colaboradores, digitalizar os documentos e enviar para a contabilidade. |
| **Operador externo** | Empresa de contabilidade. |
| **Responsabilidades do operador externo** | Realizar a inclusão dos novos colaboradores no sistema de RH e enviar o arquivo ao Caged. |

A tabela anterior é um modelo proposto que prevê vários pontos da LGPD que precisam ser levantados e avaliados. Não é um modelo fixo, e é recomendado que se façam as adaptações necessárias para a sua realidade. O mais importante não é o formato, mas, sim, o conteúdo, que deve descrever o processo e o tratamento de dados com o maior número de detalhes possíveis, pois isso vai auxiliar em uma análise de riscos de maior qualidade.

Durante o levantamento, é imprescindível dar atenção especial à descrição da finalidade. Para que, com qual objetivo, a empresa coleta ou faz o tratamento de dados? A finalidade é determinante para identificar a hipótese de tratamento que dá embasamento legal ao tratamento.

Nesse ponto, é possível também avaliar a real necessidade de determinado dado no processo. Será que ele realmente agrega valor ao meu negócio? Será que preciso mesmo dessa informação em minha base de dados? Caso se chegue à conclusão de que sua contribuição para o negócio é mínima ou nenhuma, considere eliminar esse dado do processo, pois todos os dados em posse do controlador devem ser mantidos em segurança por todo o tempo que estes estiverem sob sua tutela, podendo gerar custos e riscos desnecessários.

A seguir está o modelo proposto para **mapeamento dos dados** com uma explicação detalhada para cada linha.

| Identificação da atividade de tratamento | |
|---|---|
| **Nome do processo** | Dê um nome que identifique essa atividade de tratamento.<br>Ex.:<br>1) Admissão de Colaborador.<br>2) Prospecção e Geração de *Leads*. |

| Identificação da atividade de tratamento | |
|---|---|
| **Departamento** | Departamento que se beneficia e tem a necessidade dessa atividade de tratamento. O departamento responsável pelo processo. |
| **Categorias de titulares** | As categorias de titulares ajudam a identificar grupos de pessoas afetadas pela atividade de tratamento.<br>Ex.:<br>1) Colaboradores.<br>2) Clientes. |
| **Responsável** | Nome da pessoa responsável pelo tratamento. O dono do processo. |
| **Última atualização** | Informe a data da última atualização desse documento. |
| **Identificação dos dados pessoais tratados** | |
| **Dados pessoais tratados** | Liste todos os dados pessoais que serão tratados lembrando que: dado pessoal é qualquer informação relacionada a pessoa natural identificada ou identificável.<br>Em alguns casos, pode-se agrupar os dados para facilitar sua citação na descrição do processo.<br>Ex.:<br>1) Identificação - nome completo, CPF, data de nascimento.<br>2) Contato - telefone residencial, celular, *e-mail*, endereço. |
| **Dados pessoais sensíveis** | Coloque os dados pessoais sensíveis numa lista separada para dar melhor visibilidade. Processos com dados sensíveis necessitam de uma atenção maior durante a avaliação de riscos.<br>Processos que tratam dados sensíveis não podem ser fundamentados na hipótese de **legítimo interesse do controlador**, assim, se não for possível embasar em outra hipótese disponível, será necessário solicitar o consentimento do titular.<br>Lembrando que: é considerado dado pessoal sensível o dado pessoal sobre origem racial ou étnica, convicção religiosa, opinião política, filiação a sindicato ou a organização de caráter religioso, filosófico ou político, dado referente à saúde ou à vida sexual, dado genético ou biométrico, quando vinculado a uma pessoa natural. |
| **Dados pessoais de criança/ adolescente** | Identifique com **sim** ou **não** se esse processo trata dados pessoais de crianças/adolescentes. Para tratamento de dados desse público, é necessário o consentimento dos pais e/ou responsáveis. |
| **Como os dados são obtidos?** | Descreva como são coletados os dados. Caso os receba de outro controlador, identifique-o e descreva como eles são transferidos para você. |

| Identificação dos dados pessoais tratados | |
|---|---|
| **Onde os dados ficam armazenados?** | Identifique onde esses dados ficam armazenados e quem tem acesso a eles. Se há restrições de senhas e níveis de acesso, quais são os grupos de pessoas que têm esse acesso.<br>Se são armazenados em meio físico, avalie se existe algum tipo de proteção ou restrição de acesso. |
| **Descrição da atividade de tratamento** | |
| **Descreva, em detalhes, a finalidade do tratamento. Identifique também o fluxo dos dados sendo tratados.** | Descreva o objetivo do tratamento de dados. Explique como ele agrega valor ao seu negócio ou por que você é legalmente obrigado a tratar esses dados.<br>A finalidade é determinante para fundamentar a hipótese de tratamento.<br>Ex.:<br>1) Dados do novo colaborador para envio de informações ao eSocial.<br>2) Auxílio na obtenção de novos clientes. |
| **Hipótese legal para tratamento de dados pessoais** | Toda atividade de tratamento de dados deve ser fundamentada em uma das hipóteses previstas pela LGPD. Escolha uma da lista disponível na Lei Federal nº 13.709/2018: art. 7o.<br>Para maiores detalhes, veja o item 3.4. Estabelecer hipóteses de tratamento |
| **Justificativa de legítimo interesse** | Caso a hipótese que fundamenta essa atividade de tratamento seja "Interesses legítimos do controlador...", é necessário justificar tal necessidade.<br>Para maiores detalhes, veja o item 3.4. Estabelecer hipóteses de tratamento. |
| **Hipótese legal para tratamento de dados pessoais sensíveis** | Caso essa atividade faça tratamento de dados pessoais sensíveis, é necessário fundamentá-lo em uma das hipóteses próprias para isso.<br>Para maiores detalhes, veja o item 3.4. Estabelecer hipóteses de tratamento. |
| **Hipótese legal para tratamento de dados pessoais de criança/ adolescente** | Se houver tratamento de dados pessoais de crianças/ adolescentes, a lei determina que seja obtido o consentimento dos pais e responsáveis. Apenas duas possibilidades de tratamento sem consentimento.<br>Para maiores detalhes, veja o item 3.4. Estabelecer hipóteses de tratamento. |
| **Método de obtenção/ revogação do consentimento** | Caso a atividade de tratamento esteja fundamentada em consentimento, descreva como este é obtido e como o titular poderá fazer para revogá-lo se assim desejar.<br>Descreva também quais as consequências para o titular se ele não consentir. |

| Descrição da atividade de tratamento | |
|---|---|
| **Os dados pessoais são compartilhados com outro controlador?** | Indique com **sim** ou **não** se os dados tratados são compartilhados com outro controlador. Se **sim**, identifique o controlador e avalie se é obtido o consentimento do titular autorizando esse compartilhamento. |
| **Dados anonimizados?** | Indique com **sim** ou **não** se é utilizada alguma técnica de Anonimização dos dados. |
| **Detalhar a(s) técnica(s) de anonimização utilizada(s)** | Descreva como esses dados são anonimizados. São criptografados, sumarizados etc. |
| **Definições do término do tratamento** | |
| **Período de tratamento de dados** | Identifique o período em que você fará o tratamento. Lembrando que a LGPD veda o tratamento por tempo indeterminado. |
| **Descreva, em detalhes, as ações que serão tomadas após o fim do período de tratamento** | A LGPD indica que o agente deverá providenciar seu descarte definitivo, ou ainda, conservá-lo sob uma das seguintes hipóteses:<br>- cumprimento de obrigação legal ou regulatória;<br>- estudos por órgãos de pesquisa, preferencialmente anonimizados;<br>- dados já transferidos a terceiros, observados os requisitos dessa lei;<br>- anonimização dos dados.<br>Em caso de eliminação, descreva como os dados serão eliminados. |
| **Identificação dos operadores de tratamento** | |
| **Operador interno** | Se os dados dessa atividade de tratamento são transferidos para outro departamento, identifique-o neste campo. Caso os dados sejam divulgados para mais de um departamento, duplique estas duas linhas da tabela. |
| **Responsabilidades do operador interno** | Descreva as responsabilidades e atribuições do departamento para essa atividade de tratamento. |
| **Operador externo** | Identifique o operador externo que executa o tratamento de dados, se for o caso. Caso o tratamento seja feito por mais de um operador, duplique estas duas linhas da tabela. |
| **Responsabilidades do operador externo** | Descreva, resumidamente, as responsabilidades e atribuições do operador para essa atividade de tratamento.<br>É recomendável que as responsabilidades e atribuições de cada uma das partes sejam definidas de forma clara em contrato, sempre que operador e controlador forem pessoas diferentes. |

Como se pode notar, o mapeamento de dados não é uma tarefa trivial; na verdade, pode ser uma atividade mais trabalhosa e complexa do que o imaginado. Porém, um mapeamento bem feito trará ótimos resultados nas próximas etapas do projeto, assim como para identificar as hipóteses de tratamento, avaliação de riscos e gerenciamento de operadores externos.

## 3.4 ESTABELECER HIPÓTESES DE TRATAMENTO

A LGPD estabelece que qualquer tratamento de dados pessoais deverá ser fundamentado em pelo menos uma das hipóteses de tratamento definidas no seu art. 7º.

A correta fundamentação do tratamento de dados é de extrema importância para evitar que ele venha ser invalidado pela ANPD. Por isso, é recomendável que, nessa atividade, participe alguém com conhecimento jurídico, que possa interpretar e dar seu parecer na escolha da hipótese mais adequada.

O desafio agora é olhar para o mapeamento de dados, especialmente para a finalidade do tratamento, e identificar, na lista de hipótese definida pela LGPD, pelo menos uma que fundamente o tratamento de dados que está sendo executado.

Algumas hipóteses são direcionadas para o tratamento de situações bastante conhecidas e comuns a diversas empresas e, portanto, dão menos margem para interpretações. No entanto, como cada empresa e/ou negócio tem suas particularidades, existem duas hipóteses que dão maior liberdade para as empresas adequarem o tratamento de dados. Porém, cobram maior responsabilidade do controlador. São elas: consentimento do titular e interesses legítimos do controlador.

A seguir, encontra-se a lista de hipóteses previstas pela lei com alguns comentários para auxiliar na avaliação do tratamento de dados do seu processo de negócio:

I – mediante o fornecimento de consentimento pelo titular;

A hipótese de consentimento talvez seja o ponto mais polêmico da LGPD e, apesar de ser a primeira hipótese definida na lei, não é necessariamente a opção mais adequada para todos os tratamentos feitos pela empresa.

Como indicado, ela dá maior abertura ao tratamento de dados, porém existem certas regras a serem seguidas:

- O consentimento deve ser fornecido por escrito ou outro meio que demonstre a manifestação de vontade.
- Consentimento obtido mediante a passividade do titular poderá ser considerado inválido (ex.: caixa de aceite pré-preenchida).

- Consentimento dado mediante assinatura deve constar em cláusula destacada das demais.
- Em caso de dados pessoais sensíveis, deve ser apresentado de forma específica e destacada.
- A finalidade indicada para a obtenção de consentimento não poderá ser genérica, devendo ser apresentada de forma transparente, clara e inequívoca.
- Caso haja a alteração de informações relevantes à escolha do titular para o consentimento, ele deverá ser informado, podendo revogá-lo. Não é necessária a obtenção de novo consentimento. Essas informações relevantes são:
  - finalidade do tratamento;
  - forma e duração do tratamento, preservados os segredos comercial e industrial;
  - identificação do controlador;
  - informações referentes ao uso compartilhado pelo controlador e sua finalidade;
- O consentimento poderá ser revogado pelo titular a qualquer tempo, sendo preservada a legitimidade do tratamento realizado anteriormente à revogação.
- Cabe ao controlador comprovar que obteve o consentimento de forma regular.
- Para compartilhamento ou comunicação de dados pessoais com outros controladores, é necessário obter o consentimento específico do titular para esse fim.
- Lembrando que o ônus da prova do consentimento é do controlador; assim, é fundamental criar mecanismos eficazes para aquisição e guarda dessa opção.

II – para o cumprimento de obrigação legal ou regulatória pelo controlador;

No caso em que um tratamento de dados pessoais seja necessário para cumprimento de uma lei por parte de uma empresa, esta estará autorizada a tratá-los e, nesse caso, o titular não poderá opor resistência nem solicitar a exclusão desses dados durante o período que eles sejam necessários para tal.

Importante: sempre que o tratamento de dados for fundamentado por esta hipótese, necessário que seja identificada a lei, o decreto, a norma ou a portaria que dá respaldo a este tratamento.

III – pela administração pública, para o tratamento e uso compartilhado de dados necessários à execução de políticas públicas previstas em leis e regulamentos ou respaldadas em contratos, convênios ou instrumentos congêneres, observadas as disposições do Capítulo IV da LGPD;

Assim como empresas privadas, os órgãos púbicos precisam estar adequados à LGPD para tratar e compartilhar dados pessoais na execução de políticas públicas previstas em leis e regulamentos ou respaldadas em contratos, convênios ou instrumentos congêneres.

Não precisam obter o consentimento dos titulares para compartilhar os dados pessoais entre órgãos públicos, contudo são obrigados a fornecer informações claras e inequívocas sobre a base legal para o tratamento dos dados, a finalidade e quais os procedimentos utilizados ao longo do ciclo de vida dos dados dentro dos sistemas da Administração Pública.

A Administração Pública não é obrigada a cumprir com as exigências da LGPD no caso de tratamento de dados feito exclusivamente para fins de segurança pública, defesa nacional, segurança do Estado ou atividades de investigação ou de repressão de infrações penais.

IV – para a realização de estudos por órgão de pesquisa, garantida, sempre que possível, a anonimização dos dados pessoais;

Caso sua empresa seja um órgão de pesquisa, será possível fundamentar o tratamento de dados feitos em pesquisas com essa hipótese.

Nesse caso, para garantir a privacidade dos titulares e evitar possíveis vazamentos, busque sempre anonimizar os dados, uma vez que, dessa forma, não é possível identificar o seu titular, considerando a utilização de técnicas razoáveis na ocasião do tratamento.

V – quando necessário para a execução de contrato ou de procedimentos preliminares relacionados a contrato do qual seja parte o titular, a pedido do titular dos dados;

Essa hipótese prevê que o tratamento de dados se dará a pedido do próprio titular dos dados para garantir a execução de um contrato ou de seus procedimentos preliminares. Pode ser entendida como um consentimento antecipado, com a diferença de que o titular não poderá revogá-lo durante a vigência do contrato.

VI – para o exercício regular de direitos em processo judicial, administrativo ou arbitral, esse último nos termos da Lei nº 9.307, de 23 de setembro de 1996 (Lei de Arbitragem);

Essa hipótese tem o intuito de garantir o direito de produção de provas de uma parte contra a outra em um processo judicial. A oposição a esse tipo de tratamento de dados poderia ferir o direito de defesa e infringir os preceitos constitucionais da ampla defesa e do contraditório.

Se o tratamento de dados tem a finalidade de garantir seus direitos perante a justiça, utilize essa hipótese para fundamentá-lo.

> VII – para a proteção da vida ou da incolumidade física do titular ou de terceiro;

O objetivo dessa hipótese é garantir a proteção da vida e a incolumidade física do titular ou terceiro. Nesse caso, até mesmo dados pessoais sensíveis poderão ser tratados sem a necessidade de consentimento do titular.

Um exemplo da utilização dessa hipótese é em hospitais e prontos-socorros, onde a necessidade de informações sobre o histórico médico do paciente pode ser vital e, por isso, não pode ser negada.

> VIII – para a tutela da saúde, exclusivamente, em procedimento realizado por profissionais de saúde, serviços de saúde ou autoridade sanitária;

Essa hipótese é específica para profissionais de saúde, serviços de saúde ou autoridade sanitária.

Ela garante que os dados pessoais, inclusive os relativos à saúde, que são considerados sensíveis, sejam tratados sem a necessidade de consentimento do titular e também o uso compartilhado entre controladores nos casos de prestação de serviços de saúde, de assistência farmacêutica e de assistência à saúde, incluídos os serviços auxiliares de diagnose e terapia, com objetivo de obter vantagem econômica, desde que em benefício dos interesses dos titulares

> IX – quando necessário para atender aos interesses legítimos do controlador ou de terceiro, exceto no caso de prevalecerem direitos e liberdades fundamentais do titular que exijam a proteção dos dados pessoais; ou

Essa hipótese traz um duplo desafio: primeiro, compreender o que pode ser considerado legítimo interesse do controlador ou de terceiro e, segundo, avaliar em que medida esse legítimo interesse pode ser alegado diante dos direitos e das liberdades fundamentais do titular.

Nessa hipótese, a LGPD dá ao controlador a possibilidade de identificar por si as oportunidades de tratamento de dados. Por exemplo, coleta de dados para:

- apoio e promoção das atividades do controlador;
- exercício regular de direitos relacionados ao titular;
- prestação de serviços que beneficiem o titular;

Para tanto o controlador deverá seguir as seguintes obrigações:

- indicação de finalidade específica e uso somente dos dados pessoais estritamente necessários para a finalidade pretendida;
- implantação de medidas de garantia de transparência no tratamento;
- elaboração de relatório de impacto à proteção de dados pessoais, em caso de requisição pela Autoridade Nacional de Proteção de Dados, observado o segredo comercial e industrial.

X - para a proteção do crédito, inclusive quanto ao disposto na legislação pertinente.

O objetivo dessa hipótese é evitar que titulares de dados pessoais se utilizem de uma brecha legislativa para criarem mecanismos de escaparem de cobranças por dívidas contraídas.

Imagine se um titular de dados pudesse requerer a exclusão dos seus dados pessoais em cadastros como SPC e Serasa, por exemplo, alegando que não autorizou o tratamento ou que o tratamento estaria violando a sua privacidade.

Em relação aos dados tornados públicos pelo titular, embora não haja uma hipótese específica para isso, é possível fazer tratamento de dados pessoais cujo acesso é púbico, como informações obtidas de redes sociais. Nesse caso, não é necessário nem mesmo o consentimento do titular, porém deve-se resguardar todos os direitos do titular e os princípios previstos na lei.

Ao fazer a fundamentação legal para seu tratamento de dados, tenham em mente que:

- o enquadramento da hipótese deve ser fundamentado observando especialmente o atendimento ao princípio da finalidade;
- as hipóteses de tratamento que contemplam legítimo interesse acarretam diversos riscos e ônus ao controlador. Se não for possível evitar, faça um relatório de impacto à proteção de dados detalhado, inclusive fazendo uma avaliação de riscos.
- Busque enquadrar o tratamento de dados em hipóteses que não requerem consentimento, pois, nesses casos, os titulares não poderão se opor ao tratamento, a menos em caso de descumprimento de obrigações legais pelo controlador.

O enquadramento ainda deve levar em consideração se há tratamento de dados pessoais sensíveis, visto que, nesses casos, nem todas as hipóteses descritas anteriormente poderão ser utilizadas.

Segundo o art. 11, o tratamento de dados pessoais sensíveis somente poderá ocorrer nas seguintes hipóteses:

> I – quando o titular ou seu responsável legal consentir, de forma específica e destacada, para finalidades específicas;
>
> II – sem fornecimento de consentimento do titular, nas hipóteses em que for indispensável para:
>
> a) cumprimento de obrigação legal ou regulatória pelo controlador;
>
> b) tratamento compartilhado de dados necessários à execução, pela administração pública, de políticas públicas previstas em leis ou regulamentos;
>
> c) realização de estudos por órgão de pesquisa, garantida, sempre que possível, a anonimização dos dados pessoais sensíveis;
>
> d) exercício regular de direitos, inclusive em contrato e em processo judicial, administrativo e arbitral, este último nos termos da Lei nº 9.307, de 23 de setembro de 1996 (Lei de Arbitragem);
>
> e) proteção da vida ou da incolumidade física do titular ou de terceiro;
>
> f) tutela da saúde, exclusivamente, em procedimento realizado por profissionais de saúde, serviços de saúde ou autoridade sanitária; ou
>
> g) garantia da prevenção à fraude e à segurança do titular, nos processos de identificação e autenticação de cadastro em sistemas eletrônicos, resguardados os direitos mencionados no art. 9º desta Lei e exceto no caso de prevalecerem direitos e liberdades fundamentais do titular que exijam a proteção dos dados pessoais.

Note que, para dados sensíveis, não é possível fundamentar o tratamento nas hipóteses de legítimo interesse do controlador e proteção do crédito.

No entanto, é oferecida uma nova hipótese especificamente para acomodar situações em que são necessários dados biométricos, que são considerados dados sensíveis e podem ser enquadrados na hipótese de garantia da prevenção à fraude e à segurança do titular, nos processos de identificação e autenticação de cadastro em sistemas eletrônicos.

Outra informação importante a ser considerada é se, no processo, são tratados dados de crianças e adolescentes. Nesse caso, a única fundamentação possível é o consentimento dos pais ou responsáveis.

Existem apenas duas situações que não requerem o consentimento. São elas:

- para o caso de contato dos pais ou do responsável legal, realizado uma única vez e sem o armazenamento do dado na base de dados;
- para proteção da criança ou do adolescente.

Certamente, as inovações trazidas com a LGPD são positivas e, com certeza, garantirão a proteção adequada ao tratamento de informações pessoais de crianças e adolescentes, porém, como vimos, trazem alguns desafios aos controladores na implementação da conformidade legal.

Como se pode ver, a fundamentação do tratamento de dados não é uma tarefa simples e requer uma visão completa do processo que está sendo avaliado. Portanto, leve isso para a discussão em grupo e tenha sempre o respaldo de alguém com conhecimento jurídico.

## 3.5 CONSENTIMENTO E GUARDA DE PROVAS

Como visto anteriormente, o consentimento é uma das hipóteses ou bases legais para tratamento de dados pessoais que dá maior liberdade para a empresa, porém traz consigo algumas responsabilidades adicionais.

É muito provável que, em algum processo de negócio, seja necessário o consentimento do titular, pois ele é obrigatório quando não for possível fundamentar o tratamento em qualquer outra hipótese disponível na lei ou forem tratados dados de crianças e adolescentes.

O consentimento deverá ser obtido, preferencialmente, na coleta dos dados pessoais e deverá ser fornecido por escrito ou por outro meio que demonstre a manifestação de vontade do titular.

Assim, após estabelecer as hipóteses para tratamento de dados, identifique os processos para os quais será necessário o consentimento e crie uma maneira de obtê-lo e guardá-lo, já que a obrigação de comprovar a solicitação e o fornecimento do consentimento é do controlador, e não do titular.

Cada processo de negócio tem suas particularidades, portanto cada empresa deverá desenvolver uma metodologia apropriada a suas necessidades. Contudo, existem alguns desafios comuns que devem ser superados:

- **Como identificar o titular:** é necessário analisar o processo de negócio em questão e definir qual ou quais os dados pessoais vão identificar o titular no momento da opção do consentimento. Por exemplo, para campanhas de *marketing*, normalmente é utilizado o *e-mail*, mas nem sempre este será a melhor opção, por isso essa análise deverá avaliar como e quais dados são colhidos e qual poderia ser o método menos invasivo para obter essa opção.
- **Como demonstrar finalidade de forma transparente, clara e inequívoca:** saber com o que está consentindo é um direito do titular, portanto é neces-

sário avaliar quais são as informações pessoais que serão tratadas no processo e sua finalidade e pensar em uma maneira de demonstrar essas informações para o titular durante a coleta da opção do consentimento. É importante também informar o titular de quais as consequências caso ele não consinta. A quais serviços ele não terá acesso ou quais as limitações serão impostas por conta da sua opção.

- **Como comunicar os titulares em caso de alterações no tratamento de dados:** caso haja alguma alteração no processo para o qual foi obtido o consentimento do titular, não será necessário obter um novo consentimento, porém o titular deverá ser informado e deve ser dada a opção para ele revogar seu consentimento sob os novos termos. Essa nova opção deverá ser guardada para comprovação, se necessário. Isso deve ocorrer sempre que alterar a:
  - finalidade do tratamento;
  - forma e duração do tratamento, preservados os segredos comercial e industrial;
  - identificação do controlador;
  - informações referentes ao uso compartilhado pelo controlador e sua finalidade;
- **Como permitir que os titulares exerçam seu direito de revogar o consentimento:** o titular poderá revogar o seu consentimento a qualquer momento, sendo legítimo todo tratamento realizado antes dessa opção. Um exemplo muito comum dessa prática pode ser visto nos *e-mails* de *marketing*, neles sempre há, ou pelo menos deveria haver, um *link* para se descadastrar da lista. Lembrando que se deve levar em conta qual ou quais dados pessoais identificam o titular, para que se associe a opção para o titular correto.

Fica claro que os processos fundamentados na base legal do consentimento trazem uma série de responsabilidades a mais para o controlador; portanto, sempre que possível, evite utilizar essa hipótese. Caso isso não seja possível, tome todas as precauções para que essa opção seja obtida dentro dos preceitos da lei e guardada para que se possa comprovar, se necessário.

## 3.6 GESTÃO DE RISCOS

A **gestão de riscos** é um assunto extenso e pode ser aplicada em todas as áreas de negócio. Nesse caso, será aplicada na proteção de dados e segurança da informação, que tem por objetivo minimizar a ocorrência de ameaças que podem expor dados pessoais a pessoas não autorizadas e/ou violar os direitos dos titulares de dados.

Dependendo do porte da sua empresa ou da complexidade do seu negócio, será necessário ter, na equipe do projeto, um profissional com conhecimento teórico e experiência na gestão de riscos. Contudo, nem sempre isso é possível; por conseguinte, a ideia aqui é passar conceitos básicos que possam ser aplicados de forma prática e que sejam viáveis em qualquer tamanho de empresa.

Para aqueles que quiserem se aprofundar no tema "gestão de riscos de segurança da informação", existe uma excelente fonte de referência, que é a norma ABNT NBR ISO/IEC 27005 - Tecnologia de segurança - Técnicas de segurança - Gestão de riscos em segurança da informação. Nela estão formalizados os conceitos e as estruturas necessárias para aprimorar seu conhecimento.

Para implantar uma gestão de riscos para a proteção de dados e segurança da informação, será preciso:

1. definir os conceitos adotados pela organização e como será estruturada a gestão de riscos.
2. realizar avaliações periódicas de riscos. Cada avaliação realizada demonstra o momento atual da empresa e a tendência é que, ao longo do tempo, a maturidade em relação a proteção de dados e segurança da informação vá aumentando.

### 3.6.1 Conceitos

Para se iniciar a avaliação de riscos, é preciso ter claros alguns conceitos básicos. Estes são descritos aqui de maneira que sejam suficientes para sua aplicação no contexto da Lei Geral de Proteção de Dados.

O primeiro é o conceito de ativo, que, segundo a norma ABNT NBR ISO/IEC 27002 - Código de Prática para a Gestão de Segurança da Informação, é: qualquer coisa que tenha valor para a organização.

Ainda de acordo com essa norma, os ativos podem estar representados em diversas formas:

a. ativos de informação: base de dados e arquivos, contratos e acordos, documentação de sistema, informações sobre pesquisa, manuais de usuário, material de treinamento, procedimentos de suporte ou operação, planos de continuidade do negócio, procedimentos de recuperação, trilhas de auditoria e informações armazenadas;

b. ativos de *software*: aplicativos, sistemas, ferramentas de desenvolvimento e utilitários;
c. ativos físicos: equipamentos computacionais, equipamentos de comunicação, mídias removíveis e outros equipamentos;
d. serviços: serviços de computação e comunicações, utilidades gerais, como aquecimento, iluminação, eletricidade e refrigeração;
e. pessoas e suas qualificações, habilidades e experiências;
f. intangíveis, tais como a reputação e a imagem da organização.

Portanto, deve-se avaliar os processos descritos no mapeamento de dados e identificar quais ativos estão envolvidos em cada um deles e fazer uma lista. Possivelmente, serão encontrados vários ativos em cada processo. A fim de manter o escopo controlado, liste somente os ativos que poderiam afetar a proteção de dados e segurança da informação.

Cada ativo pode estar exposto a uma série de ameaças. Conforme a norma ABNT NBR ISO/IEC 27005, "uma ameaça tem o potencial de comprometer os ativos e, por isso, também as organizações".

Uma ameaça sempre explora uma ou mais vulnerabilidades que estão associadas a um ativo, e a relação entre ameaças e vulnerabilidades é chamada de evento.

Assim, sobre a lista de ativos, identifique os possíveis eventos de proteção de dados e segurança da informação e avalie quais seriam as consequências ou os impactos que esses eventos poderiam causar na integridade, confidencialidade ou disponibilidade do ativo.

A avaliação de impacto pode ser quantitativa ou qualitativa.

A avaliação quantitativa vai buscar relatar em números, normalmente em valor monetário, qual o impacto caso o evento venha a ocorrer. Para essa avaliação, é necessário ter estatísticas, valores históricos e um modelo matemático consistente. Por exemplo:

| | |
|---|---|
| **Cenário** | Uma empresa está avaliando o nível de risco de um de seus servidores ser atingido por um incêndio. Acredita-se que, caso ocorra esse evento, sejam necessários três dias para a operação voltar ao normal. |
| **Levantamento** | - O custo do servidor foi estimado em R$ 35.000,00.<br>- Foi estimado que o custo das horas para recuperação do servidor é de R$ 15.000,00.<br>- Foi estimado que, em caso de perda do servidor, o prejuízo da empresa seria de R$ 50.000,00/dia. |

| | |
|---|---|
| **Impacto** | I = (valor servidor + custo de horas para recuperação + (3 dias × prejuízo diário)<br>I = (R$ 35.000,00 + R$ 15.000,00 + (3 × R$ 50.000,00)<br>I = R$ 200.000,00 |

Por outro lado, a avaliação qualitativa foca nas percepções das partes envolvidas. Depende da experiência da equipe e pode se utilizar de um *brainstorming* para definição e avaliação de cenários.

Para avaliação qualitativa é necessário utilizar uma escala que pode ser de 3 ou 5 níveis a critério da empresa. Veja o exemplo abaixo:

| | |
|---|---|
| **Cenário** | Uma empresa está avaliando o nível de risco de um de seus servidores ser atingido por um incêndio. Acredita-se que, caso ocorra esse evento, sejam necessários três dias para a operação voltar ao normal.<br>A escala de avaliação de impacto é:<br>3 - alto;<br>2 - médio;<br>1 - baixo. |
| **Levantamento** | Foi feito um *brainstorm* com a equipe do projeto, chegando-se à conclusão de que o impacto, caso aconteça a perda do servidor, seria alto. |
| **Impacto** | I = 3 - alto |

A avaliação de impacto traz a dimensão das consequências decorrentes do evento para o negócio caso determinada ameaça venha a explorar uma vulnerabilidade.

Para completar a avaliação e conhecer o nível de risco de cada evento, é necessário ainda analisar qual é a probabilidade de cada um deles ocorrer.

A probabilidade consiste na medição de o quão provável é a ocorrência de um evento. Em outras palavras, a probabilidade deve indicar qual é o nível de facilidade ou dificuldade de determinado evento acontecer.

Ela deve ser medida utilizando-se uma escala que pode ser de 3 ou 5 níveis ou um valor numérico de 0 a 5 ou 0 a 10, conforme critério da empresa. Exemplo:

| | |
|---|---|
| **Cenário** | Uma empresa está avaliando o nível de risco de um de seus servidores ser atingido por um incêndio. Acredita-se que, caso ocorra esse evento, sejam necessários três dias para a operação voltar ao normal.<br>A escala de avaliação de probabilidade é:<br>3 - alta;<br>2 - média;<br>1 - baixa. |

| | |
|---|---|
| **Levantamento** | - Foi identificado que não ocorreram incêndios na empresa nos últimos dez anos.<br>- A empresa possui uma brigada de incêndio. |
| **Probabilidade** | P = 1 - baixa |

A avaliação da probabilidade traz a dimensão de quão exposto um ativo está diante de determinado evento.

Portanto, **risco** é a combinação da **probabilidade** de determinado **evento** ocorrer e o seu **impacto** no ativo e na operação da empresa

### 3.6.2 Matriz de risco

Entendendo que existem duas dimensões para avaliação de riscos, pode-se definir quais os critérios serão utilizados pela organização para calcular o nível de cada risco e, assim, classificá-los.

Essas definições irão resultar na **matriz de riscos**, ou **matriz de probabilidade e impacto**, que é uma tabela de duas dimensões: probabilidade e impacto, por meio da qual é possível calcular e visualizar a classificação do risco e, com isso, identificar quais são os riscos que devem receber mais atenção.

Considerando a probabilidade e o impacto, busque, na sua matriz de riscos (exemplo a seguir), em qual célula da matriz o risco se encaixa e descubra a sua classificação, ou seja, o quão crítico determinado risco é.

| Probabilidade | | | | |
|---|---|---|---|---|
| | **Alta** | Média | Alta | Alta |
| | **Média** | Baixa | Média | Alta |
| | **Baixa** | Baixa | Baixa | Média |
| | | **Insignificante** | **Moderado** | **Catastrófico** |
| | | **Impacto** | | |

No exemplo anterior, a **probabilidade** foi classificada como **alta**, **média** e **baixa**, enquanto o **impacto** como **insignificante**, **moderado** e **catastrófico**. Contudo, essa classificação pode variar conforme a empresa e o negócio e deve ser definida com a equipe do projeto.

A recomendação é que se utilize a mesma quantidade de níveis para probabilidade e impacto, por exemplo, se for decidido que a probabilidade será apenas baixa, média e alta (três níveis), o impacto pode ser insignificante, moderado ou catastrófico, ou seja, três níveis também.

Para que a classificação de risco fique consistente, quando se utiliza avaliação de impacto quantitativo, recomenda-se criar uma tabela auxiliar que transforme a avaliação quantitativa em qualitativa, por exemplo, valores até R$ 5.000,00 serão classificados como insignificantes, até R$ 50.000,00 como moderados e acima de R$ 50.000,00 como catastróficos.

A seguir, há um exemplo voltado para a LGPD com cinco níveis de probabilidade e impacto.

Para a definição de probabilidade, nesta tabela, foram utilizados parâmetros percentuais para dividir os níveis. Claro que esta avaliação é empírica e depende da experiência e percepções da equipe.

| Probabilidade | | Descrição dos critérios de probabilidade |
|---|---|---|
| Numérica | Descritiva | |
| **1% a 10%** | muito baixa | Não é provável que aconteça. |
| **11% a 30%** | baixa | Pode ser que ocorra uma vez dentro de um ano. |
| **31% a 50%** | moderada | Pode ser que ocorra mais de uma vez dentro de um ano. |
| **51% a 70%** | alta | Pode ser que ocorra mensalmente. |
| **71% a 90%** | muito alta | Pode ser que ocorra semanalmente. |

Em relação ao impacto, na tabela a seguir, foram definidos critérios baseados no número de titulares que podem ser atingidos pelo evento, se ele causa alguma violação de direitos a esses titulares e se causa prejuízos à imagem da empresa.

| Impacto | Descrição dos critérios de impacto |
|---|---|
| **muito baixo** | Evento com potencial de atingir um pequeno número de titulares, sem causar violação de seus direitos e sem prejudicar a imagem da empresa. |
| **baixo** | Evento que não causa violação dos direitos dos titulares, porém com possibilidade de prejudicar a imagem da empresa. |
| **moderado** | Evento que pode causar a violação dos direitos dos titulares, porém com pouca possibilidade de prejudicar a imagem da empresa. |

| Impacto | Descrição dos critérios de impacto |
|---|---|
| alto | Evento que atinge um número relevante de titulares, com violação de seus direitos e possibilidade de prejudicar a imagem da empresa. |
| muito alto | Evento que atinge um grande número de titulares, com violação de seus direitos e com prejuízo à imagem da empresa e possibilidade de sanções da ANPD. |

Nesse caso, a matriz de risco ficaria conforme a tabela a seguir.

| Probabilidade | | | | | | |
|---|---|---|---|---|---|---|
| | muito alto | média | média | alta | alta | alta |
| | alto | baixa | média | média | alta | alta |
| | moderado | baixa | baixa | média | alta | alta |
| | baixo | baixa | baixa | média | média | alta |
| | muito baixo | baixa | baixa | baixa | baixa | média |
| | | muito baixo | baixo | moderado | alto | muito alto |
| | | Impacto | | | | |

A definição de critérios de probabilidade e impacto é essencial para a criação da matriz de riscos e classificação dos riscos. Essas definições dependem do contexto empresarial de cada organização e devem ser personalizadas e adotadas para realizar as avaliações periódicas de riscos.

### 3.6.3 Tratamento de riscos

A partir da classificação dos riscos conforme a matriz de riscos, tem-se a visão de quais riscos são mais críticos para a organização.

Nesse ponto, é preciso definir o que fazer com cada um deles. Deve-se determinar qual é a estratégia para tratá-los. Seguindo as orientações da norma ABNT NBR ISO/IEC 27001, as quatro opções de tratamento mais comuns são:

1. **Diminuir o risco:** esta opção é a mais comum, ela inclui a implementação de salvaguardas (controles) – por exemplo, implantar sistemas de *firewall*, antivírus etc.

2. **Evitar o risco:** parar de realizar certas tarefas ou processos se eles incorrerem em riscos que são muito grandes para mitigar com quaisquer outras opções – por exemplo, proibir a entrada de *smartphones* na área de desenvolvimento e pesquisa.
3. **Compartilhar o risco:** significa você transferir o risco para outra parte – por exemplo, mudar seu servidor local para um *data center*, assim são diminuídos os riscos físicos a que ele está exposto. Esta opção, por si só, pode não ser suficiente, então a melhor estratégia é usá-la em conjunto com uma das opções anteriores.
4. **Reter o risco:** neste caso, a sua organização aceita o risco sem fazer nada a respeito. Esta opção deveria ser usada apenas se os custos de mitigação forem maiores do que o dano que um incidente poderia causar.

Quando se decide **diminuir o risco**, significa agir de forma proativa para implementar controles com a intenção de diminuir a probabilidade de o evento ocorrer ou o impacto que ele pode causar.

A norma ABNT NBR ISO/IEC 27001 relaciona uma série de controles possíveis. Alguns exemplos para seu conhecimento são:

- **Políticas de segurança da informação:** controles sobre como as políticas são escritas e revisadas.
- **Controle de acesso:** controles para a política de controle de acesso, gestão de acesso de usuários, controle de acesso a sistemas e aplicações, e responsabilidades dos usuários.
- **Criptografia:** controles relacionados à gestão de chaves criptográficas.
- **Segurança física e do ambiente:** controles definindo áreas seguras, controles de entrada, proteção contra ameaças, segurança de equipamentos, descarte seguro, política de mesa limpa e tela limpa etc.
- **Segurança nas comunicações:** controles relacionados a segurança em rede, segregação, serviços de rede, transferência de informação, mensageria[4] etc.
- **Gestão de incidentes de segurança da informação:** controles para reportar eventos e fraquezas, definindo responsabilidades, procedimentos de resposta e coleta de evidências.

4 Mensageira é um conceito que define que sistemas distribuídos, possam se comunicar por meio de troca de mensagens (evento). Disponível em: https://medium.com/@devbrito91/mensageria-1330c6032049. Acesso em: 2 fev.2021.

- **Aspectos da segurança da informação na gestão da continuidade do negócio:** controles requisitando o planejamento da continuidade do negócio, procedimentos, verificação e revisão e redundância da TI.
- **Conformidade:** controles requisitando a identificação de leis e regulamentações aplicáveis, proteção da propriedade intelectual, proteção de dados pessoais e revisões da segurança da informação.

Obviamente, a implantação de controles está relacionada ao nível de aversão ao risco e a questões orçamentárias de cada organização. Assim, a missão da equipe de projeto de adequação é levar para a alta direção da empresa a lista de riscos e as ações sugeridas, para que ela tome a decisão de quais controles implantar.

A implantação de controles não elimina o risco, mas, certamente, irá diminuir a sua probabilidade e/ou impacto. Para mensurar o quanto diminuiu é preciso fazer uma nova avaliação, agora considerando os controles implantados. Dessa segunda avaliação vai resultar o risco residual, que precisa ser demonstrado e aceito pela alta direção.

### 3.6.4 Implantando a gestão de riscos

Até aqui, foram passados vários conceitos em relação a gestão de riscos. Para se implantar um processo de gestão de riscos, deverão ser utilizados os conceitos e definições abordados anteriormente de forma coordenada. A seguir, estão os passos necessários para isso:

- **Estabelecer contexto**

  A gestão de riscos se aplica a diversas áreas de negócio; assim, é importante que se defina o contexto em que será aplicada.

  No caso específico da LGPD, o contexto é a proteção de dados e a segurança da informação, mais voltado ao ambiente interno da empresa que abrange pessoas, processos e tecnologias que fazem tratamento de dados pessoais.

- **Identificação de riscos**

  Nesta etapa, deverão ser listados os eventos (ameaças que exploram vulnerabilidades) a que os ativos utilizados nos processos de negócios mapeados estão expostos.

  Reúna a equipe e avalie os processos descritos no mapeamento de dados para encontrar possíveis falhas.

- **Análise do risco**

  Sobre a lista de eventos da etapa anterior, faça uma análise de probabilidade e impacto de cada um deles. Para isso, utilize os critérios definidos pela sua organização para cada uma dessas dimensões.

- **Avaliação de riscos**

Para a avaliação de riscos, utilize a matriz de riscos, buscando, para cada risco, qual é o seu nível de risco com base em sua probabilidade e seu impacto.

Esta avaliação dará uma visão de criticidade de cada um dos riscos e auxilia na priorização das ações.

- **Tratamento de riscos**

Nesta etapa, deverão ser avaliadas e definidas quais as possíveis ações para se tratar o risco conforme a estratégia adotada: diminuir, evitar, compartilhar ou reter.

- **Comunicação e consulta**

A comunicação deve ser contínua e interativa, obtendo, fornecendo ou compartilhando informações sobre os riscos para as partes interessadas.

Mantenha uma comunicação efetiva com a alta direção da empresa, pois é ela que irá tomar as decisões sobre as ações propostas para tratamento dos riscos.

- **Monitoramento e análise crítica**

É necessário criar um processo para, periodicamente, revisitar a lista de riscos para identificar mudanças. A probabilidade e o impacto do risco mudam conforme se obtêm mais informações, ou seja, o cenário pode mudar.

Faça uma análise crítica das atividades para determinar se estão adequadas o suficiente para atingir os objetivos da empresa.

A gestão de riscos é um processo de gestão que, como qualquer processo, precisa ser realimentado para gerar melhorias incrementais na proteção de dados.

## 3.7 CONFORMIDADE DE FORNECEDORES

Muito provavelmente, em determinado momento, sua empresa transfere dados pessoais de seus colaboradores, clientes ou fornecedores para outras empresas para que estas realizem algum serviço.

Isso faz parte da realidade de negócios e está previsto pela LGPD. É importante, no entanto, separar o que é compartilhar dados de o que é transferir dados.

O compartilhamento de dados é uma operação entre controladores. Isso ocorre se a sua empresa, como controlador, compartilhar dados pessoais de seus titulares com outra empresa, e esta utilizar esses dados para atingir seus próprios objetivos e suas próprias finalidades.

Um exemplo, que ocorria com certa frequência antes da entrada em vigor da LGPD, é quando uma construtora estava prestes a finalizar uma obra e passava os dados dos condôminos para prestadores de serviço, como arquitetos, gesseiro ou empresa de móveis planejados. A intenção da construtora, nesse caso, é dar aos seus clientes opções para que eles finalizem suas unidades.

A partir da LGPD, somente é possível compartilhar os dados pessoais se o titular consentir, de forma explícita e inequívoca, que seus dados sejam compartilhados. E o tratamento deve levar em conta princípios definidos pela lei.

Lembrando que o ônus da prova do consentimento é da empresa; assim, é preciso criar mecanismos eficazes para aquisição e guarda dessa opção.

Avalie com muito cuidado os casos em que sua empresa compartilha dados pessoais com outros controladores. Veja a real necessidade e qual é o benefício que isso traz para o seu negócio. Se puder evitar, evite. Caso não possa evitar, busque ter certeza de que a empresa que recebe esses dados segue todas as normas de proteção de dados.

Já a transferência de dados acontece quando sua empresa, o controlador, possui um contrato com outra empresa, o operador, para prestação de algum serviço em que estejam envolvidos dados pessoais.

Um exemplo desse tipo de transferência é uma empresa que contrata os serviços de uma assessoria contábil para calcular a folha de pagamento. Nesse caso, deve existir um contrato com a empresa de contabilidade que define quais serão os serviços prestados.

Tendo esses dois conceitos em mente, faça uma lista de todos os seus fornecedores para avaliar se, para a execução do serviço, existe a necessidade de transferência de dados pessoais dos seus titulares.

Para tais fornecedores, é necessário reavaliar os contratos para que sejam incluídas, se já não existirem, garantias quanto à proteção de dados e à segurança da informação.

Tendo em vista que o escopo dos serviços prestados pode ser alterado durante a vigência do contrato, uma boa prática é desenvolver um "Acordo para Tratamento e Proteção de Dados Pessoais" que estabeleça:

- o objeto e a duração do processamento;
- a natureza e a finalidade do processamento;
- o tipo de dados pessoais e as categorias do titular dos dados;
- obrigações e direitos do responsável pelo tratamento.

Este acordo deve incluir, no mínimo, os seguintes termos, exigindo que o Operador:

- aja apenas de acordo com as instruções escritas do controlador;
- garanta que as pessoas que tratam os dados estejam sujeitas a termo de confidencialidade;
- tome as medidas apropriadas para garantir a segurança do tratamento;
- apenas envolva subcontratados com o consentimento prévio do controlador e sob um contrato escrito;
- auxilie o controlador no fornecimento de acesso ao titular e permitir os titulares exercerem seus direitos de acordo com a LGPD;
- auxilie o controlador no cumprimento de suas obrigações com a LGPD em relação a segurança do tratamento, notificação de violações de dados pessoais e avaliações do impacto da proteção de dados;
- exclua ou devolva todos os dados pessoais ao controlador, conforme solicitado no fim do contrato;
- permita que o Controlador faça auditorias e inspeções, forneça todas as informações necessárias para garantir que ambos estão cumprindo com as obrigações da LGPD e informe imediatamente ao responsável pelo tratamento, se ele for solicitado a fazer algo que viole a LGPD.

O operador, por sua vez, deverá realizar o tratamento dentro das instruções do controlador, sempre que estas estiverem de acordo com a lei. Ou seja, o operador precisa ter claro que o tratamento que está fazendo não fere a LGPD.

Um dos pontos que pode ter maior impacto nesta relação é o atendimento aos direitos dos titulares, assim, é necessário que este acordo defina como o operador fará para auxiliar o controlador a atender às solicitações dos titulares, caso estes venham a solicitar:

- confirmação da existência de tratamento;
- acesso aos dados pessoais objeto de tratamento;
- correção de dados incompletos, inexatos ou desatualizados;
- anonimização, bloqueio ou eliminação de dados desnecessários, excessivos ou em desconformidade com a lei;
- portabilidade de dados a outro fornecedor, observado o segredo comercial e ressalvados dados já anonimizados;
- eliminação de dados tratados com consentimento, exceto nos casos em que é permitida a conservação;
- informação de entidades públicas receptora de dados compartilhados pelo controlador;
- revogação do consentimento;

É necessário definir um processo para que essas solicitações cheguem também aos operadores e aos controladores em caso de compartilhamento.

## 3.8 POLÍTICA DE SEGURANÇA DA INFORMAÇÃO

Um dos temas mais relevantes da LGPD e que pode gerar uma série de questionamentos é o que está no seu Capítulo VII – Da segurança e das boas práticas.

Já no primeiro artigo desse capítulo, o art. 46, a lei determina que:

> Os agentes de tratamento devem adotar medidas de segurança, técnicas e administrativas aptas a proteger os dados pessoais de acessos não autorizados e de situações acidentais ou ilícitas de destruição, perda, alteração, comunicação ou qualquer forma de tratamento inadequado ou ilícito.

Para quem é da área de tecnologia da informação, esse tema é mais recorrente, mas quem não é deve estar se perguntando: mas o que, afinal, são as tais medidas técnicas e administrativas para proteção de dados?

As medidas técnicas e administrativas estão relacionadas à implantação de controles físicos e/ou digitais, ou, ainda, à criação de políticas para definir regras de como deverá ser tratada a segurança da informação na empresa.

O tema "segurança da informação" é amplamente discutido nas normas da família ABNT NBR ISO/IEC 27001. É claro que, para estar adequado à LGPD, não é necessário estar em conformidade com as normas ISO, porém, sua empresa não estará completamente adequada se não definir uma Política de Segurança da Informação (PSI), e, nesse contexto, serão emprestados vários conceitos e técnicas amplamente utilizadas e aprovadas nas normas ISO.

A PSI é um conjunto de princípios que norteiam a gestão de segurança de informações, devendo ser observado por todos os colaboradores, fornecedores e prestadores de serviços. As diretrizes estabelecidas nessa política determinam as regras que devem ser seguidas pela organização a fim de proteger suas informações.

É recomendável que se defina uma área e pessoa responsável pela segurança da informação. Tal pessoa deverá coordenar o processo de elaboração e implantação da política da segurança da informação, bem como prever uma revisão periódica. É imprescindível que pessoas de áreas críticas, como a alta administração, gerentes e usuários-chave dos sistemas informatizados, participem do processo de elaboração. É igualmente importante que a PSI seja aprovada pelo mais alto dirigente da organização, para que se demonstre o devido valor dessa política para todos os níveis organizacionais.

O objetivo de tal política é formalizar os conceitos e as diretrizes da segurança da informação da empresa que visam à proteção dos ativos de informação de modo a garantir a confidencialidade, a integridade e a disponibilidade das informações, bem como a privacidade e a proteção de dados pessoais.

Conceitualmente, temos que:

- **integridade** é garantir que a informação seja mantida em seu estado original, visando protegê-la, na guarda ou transmissão, contra alterações indevidas, intencionais ou acidentais. Manter a integridade pressupõe que o dado não será violado, seja de forma acidental, seja proposital;
- **confidencialidade** é garantir que o acesso à informação seja obtido somente por pessoas autorizadas. Manter a confidencialidade pressupõe assegurar que as pessoas não tomem conhecimento de informações, de forma acidental ou proposital, sem que possuam autorização para isso;
- **disponibilidade** significa garantir que os usuários autorizados obtenham acesso à informação e aos ativos correspondentes sempre que necessário. Manter a disponibilidade das informações pressupõe garantir a prestação contínua do serviço, sem interrupções no fornecimento de informações para quem é de direito.

A política de segurança de informações não deve ficar restrita à área de tecnologia da informação, ela deve extrapolar esse escopo e ser integrada ao plano estratégico de proteção de dados e segurança em geral da empresa.

O conteúdo da PSI vai variar conforme a empresa em função do estágio de maturidade em relação à segurança da informação; no entanto, é comum a presença de alguns tópicos, tais como:

- definição de segurança de informações e de sua importância como mecanismo que possibilita o compartilhamento de informações;
- declaração do comprometimento da alta administração com a PSI, apoiando suas metas e princípios;
- objetivos de segurança da empresa;
- definição de responsabilidades gerais na gestão de segurança da informação;
- orientações sobre análise e gerência de riscos;
- princípios de conformidade dos sistemas de informação;
- padrões mínimos de qualidade dos sistemas de informação;
- políticas de controle de acesso a recursos e sistemas;
- classificação das informações (de uso irrestrito, interno e confidencial);

- procedimentos de prevenção e detecção de vírus;
- princípios legais que devem ser observados quanto à tecnologia da informação (direitos de propriedade de produção intelectual, direitos sobre *software*, normas legais correlatas aos sistemas desenvolvidos, cláusulas contratuais);
- princípios de supervisão constante das tentativas de violação da segurança da informação;
- consequências de violações de normas estabelecidas na política de segurança;
- princípios de gestão da continuidade do negócio;
- plano de treinamento em segurança de informações.

Além disso, ela deve ser clara o suficiente para ser bem compreendida pelo público-alvo, aplicável e de fácil aceitação. Caso sua empresa ainda não tenha nenhuma política descrita, recomenda-se que inicie com o essencial e vá evoluindo com o tempo. Pense que essa política deverá ser adotada por toda a organização e, se for muito complexa, há chances de não "pegar".

A PSI pode ser composta de várias políticas inter-relacionadas, como a política de senhas, de *backup*, de contratação e instalação de equipamentos e *softwares*.

Conforme o nível de detalhes requerido pela empresa, recomenda-se a criação de outros documentos que especifiquem tanto as práticas quanto os procedimentos e que descrevam com mais detalhes as regras de uso das informações. Esses documentos costumam dispor sobre regras mais específicas, que detalham as responsabilidades dos usuários, gerentes e auditores, e, normalmente, são atualizados com maior frequência.

A PSI é o primeiro de muitos documentos com informações cada vez mais detalhadas sobre procedimentos, práticas e padrões a serem aplicados em determinadas circunstâncias, sistemas ou recursos.

A implantação da política de segurança de informações deve ser formal. No decorrer desse processo, ela deve ser um documento aberto, que vai sofrendo ajustes para que retrate a realidade da empresa e suas necessidades.

O tempo para implantação tende a ser longo. As principais etapas são: elaboração, aprovação, implementação, divulgação e manutenção. É muito importante que se dê a devida atenção à etapa de divulgação, pois a PSI deve chegar a todos e todos devem segui-la. Outra etapa muito importante é a manutenção, necessária para que o documento sempre reflita a realidade da empresa e lance novos desafios de melhoria contínua para a segurança da informação.

De forma mais detalhada, pode-se citar como as principais fases que compõem o processo de implantação da PSI:

- identificação dos recursos;
- classificação das informações;
- definição, em linhas gerais, dos objetivos de segurança a serem atingidos;
- análise das necessidades de segurança (identificação das possíveis ameaças, análise de riscos e impactos);
- elaboração de proposta de política;
- discussões abertas com os envolvidos;
- apresentação de documento formal à alta administração;
- aprovação;
- publicação;
- divulgação;
- treinamento;
- implementação;
- avaliação e identificação das mudanças necessárias;
- revisão.

O sucesso da PSI está diretamente relacionado ao envolvimento e à atuação da alta administração. Quanto maior for o comprometimento da alta administração com os processos de elaboração e implantação da PSI, maior a probabilidade de ela ser efetiva e eficaz. Esse comprometimento deve ser expresso, formalmente, por escrito.

Para que o processo de implantação da PSI tenha sucesso, a divulgação deve ser ampla e chegar a todos que interagem com a empresa e que, direta ou indiretamente, serão afetados por ela.

Deve ficar bastante claro, para todos, quais são os comportamentos esperados para atender às regras estabelecidas, quais as medidas preventivas e corretivas que devem ser aplicadas para garantir a segurança efetiva dos ativos de informação e, inclusive, as consequências do seu uso inadequado.

É importante, ainda, que a PSI esteja permanentemente acessível a todos.

Ela deve prever as penalidades e medidas de fiscalização para os casos em que houver violação da política. Estas podem variar conforme a severidade, a amplitude ou quem infringiu as regras e o contexto da empresa.

Frequentemente, o ponto mais vulnerável, quando se trata de segurança da informação, são as pessoas, e a definição de penalidades pode auxiliar na sua adoção.

Contudo, é melhor educar do que punir, por isso invista em treinamento e conscientização da importância de seguir as regras estabelecidas. A PSI só será eficaz se a equipe tiver consciência da relevância de adotar as diretrizes estabelecidas.

Ademais, a PSI deve passar por uma revisão periódica, normalmente anual, para reavaliar as mudanças organizacionais e na infraestrutura tecnológica que ocorreram no período para identificar novas vulnerabilidades que possam afetar a análise de risco original.

Deve-se, inclusive, avaliar constantemente os incidentes de segurança e as sugestões de melhoria para identificar falhas ou melhorias que devem ser incorporadas à PSI a qualquer tempo.

Depois de definida e implantada, a PSI deve ser incorporada ao modelo de gestão da empresa e ter um responsável pela sua manutenção e análise crítica.

## 3.9 ATENDIMENTO AOS TITULARES

Além de garantir o atendimento do objetivo da Lei Geral de Proteção de Dados Pessoais, que é proteger os direitos fundamentais de liberdade e de privacidade e a livre formação da personalidade de cada indivíduo, o controlador deverá atender a vários direitos dos titulares. Para isso, é necessário criar meios a fim de lhes atender.

### 3.9.1 Direito de conhecer o encarregado de dados

Como visto anteriormente, a LGPD estipula que o controlador deverá indicar um encarregado pelo tratamento de dados pessoais, que poderá ser uma pessoa física ou jurídica, sendo permitida a contratação de um prestador de serviços para essa finalidade.

O encarregado deverá ter sua identidade e seus dados para contato identificados publicamente; assim, escolha o canal de atendimento mais conveniente para seus titulares e crie um espaço para divulgação dessas informações.

Lembrando que as atividades do encarregado definidas pela lei são:

- receber reclamações e comunicações de titulares;
- prestar esclarecimentos e adotar providências necessárias diante da Autoridade Nacional de Proteção de Dados;
- orientar funcionários e demais envolvidos sobre boas práticas em relação à proteção de dados.

### 3.9.2 Direito à informação

O titular de dados pessoais tem direito a informações que dizem respeito à finalidade do tratamento, à sua forma de operação, aos agentes envolvidos e aos direitos que poderá exercer contra o controlador, as quais deverão ser apresentadas de forma clara, adequada e ostensiva. São elas:

- finalidade específica do tratamento;
- forma e duração do tratamento, observado o segredo comercial e industrial;

- identificação do controlador com informações de contato (encarregado);
- informações sobre o uso compartilhado dos dados pelo controlador e sua finalidade;
- Responsabilidades dos agentes que realizarão o tratamento.

Essas informações deverão ser demonstradas, preferencialmente, no momento da coleta dos dados.

Qualquer alteração das informações relativas à finalidade do tratamento, à forma e à duração do tratamento, à identificação do controlador ou a informações sobre o uso compartilhado dos dados deverá ser comunicada ao titular com destaque e de forma específica. Em caso de consentimento, deve-se dar a ele a possibilidade de revogação de seu consentimento.

Todas essas informações estarão disponíveis no mapeamento de dados feito anteriormente e é preciso encontrar um meio para que os titulares possam ter acesso a elas de forma fácil e a qualquer momento.

### 3.9.3 Direito a solicitações de providência

A LGPD dá ao titular o direito de solicitar providências em relação aos seus dados mediante requisição, a qualquer momento e sem custos. São elas:

- confirmação da existência de tratamento;
- acesso aos dados pessoais objeto de tratamento;
- correção de dados incompletos, inexatos ou desatualizados;
- anonimização, bloqueio ou eliminação de dados desnecessários, excessivos ou em desconformidade com a lei;
- portabilidade de dados a outro fornecedor, observado o segredo comercial e ressalvados dados já anonimizados;
- eliminação de dados tratados com consentimento, exceto nos casos em que é permitida a conservação;
- informação de entidades públicas receptora de dados compartilhados pelo controlador;
- informações sobre a possibilidade de não consentir, e quais seriam as consequências;
- revogação do consentimento.

O controlador poderá alegar impossibilidade nas seguintes situações:

- se o responsável pela recepção do pedido não for o verdadeiro controlador, nesse caso, deverá informar esse fato ao titular e, se possível, indicar a pessoa correta;

- indicação de razões de fato ou de direito que impedem a tomada de tais providências de forma imediata.

Em caso de solicitação de correção, eliminação, anonimização ou bloqueio dos dados compartilhados com terceiros, o controlador deverá informar os demais agentes de tratamento para que estes realizem o mesmo procedimento.

A resposta de confirmação deverá ser apresentada, à escolha do titular, em formato simplificado imediatamente, ou em modelo completo dentro do prazo de até 15 dias. A resposta completa deve contemplar:

- origem dos dados;
- inexistência de registro, se for o caso;
- finalidade do tratamento;
- critérios utilizados para o tratamento.

### 3.9.4 Direito à revisão

O titular dos dados tem direito a solicitar a revisão de decisões tomadas unicamente com base em tratamento automatizado de dados pessoais que afetem seus interesses, incluídas as decisões destinadas a definir o seu perfil pessoal, profissional, de consumo e de crédito ou os aspectos de sua personalidade.

O não fornecimento da resposta poderá ensejar uma auditoria pela autoridade nacional, voltada à aferição de eventuais aspectos discriminatórios do tratamento realizado.

### 3.9.5 Como atender às solicitações

É preciso que a empresa desenvolva uma estratégia para garantir que qualquer solicitação dos titulares referente a esses direitos seja atendida prontamente ou em um prazo máximo de 15 dias, de modo mais completo, em forma de relatório.

Uma boa prática, é ter um canal aberto de comunicação com o cliente, pelo qual essas solicitações possam ser feitas e atendidas de forma rápida e descomplicada. Um método bastante difundido é a criação de um endereço de *e-mail* específico para isso.

## 3.10 PLANOS DE CONTINGÊNCIA

Ninguém quer que aconteça, mas incidentes acontecem. Assim, esteja preparado. Errou? Assuma e corrija com rapidez.

É sempre mais fácil reagir a um incidente se este for previsto e suas consequências avaliadas para a construção de planos de contingência e recuperação.

Para tal, existe a norma ABNT NBR ISO 22301 – Sistemas de Gestão de Continuidade de Negócios, que especifica os requisitos para planejar, estabelecer, implementar, operar, monitorar, analisar criticamente, manter e melhorar continuamente um sistema de gestão documentado para se proteger, reduzir a possibilidade de ocorrência, preparar-se, responder a e recuperar-se de incidentes de interrupção quando estes ocorrerem. O propósito é fornecer uma base para que se possa entender, desenvolver e implementar a continuidade de negócios em uma organização, além de obter confiança nos negócios da organização com clientes e outras organizações.

O Plano de Continuidade de Negócios pressupõe o desenvolvimento preventivo de um conjunto de estratégias e planos de ação de maneira a garantir que os serviços essenciais sejam devidamente identificados e preservados após a ocorrência de um desastre e até o retorno à situação normal de funcionamento da empresa dentro do contexto do negócio do qual faz parte.

O que isso tem a ver com a Lei Geral de Proteção de Dados e o projeto de adequação a ela? O plano de continuidade de negócios complementa a avaliação de riscos, visto que propõe respostas aos eventos mais críticos, buscando diminuir o tempo de recuperação.

Para o projeto de adequação à LGPD, serão emprestados alguns termos e técnicas para desenvolver um plano caso seja identificado um incidente de segurança grave, ou seja, em que houve vazamento de dados ou violação dos direitos dos titulares.

A LGPD determina que, em caso de incidente envolvendo dados pessoais que possa implicar risco ou danos relevantes aos titulares, o controlador tem a obrigação de comunicá-lo aos titulares envolvidos e à ANPD. Por isto, é essencial estar preparado.

### 3.10.1 Comitê de crise

É importante que seja definido um comitê de crise para que, sempre que identificado um incidente de segurança, ele entre em ação.

Os integrantes do comitê de crise vão depender do seu contexto de negócio, porém, no mínimo, deverá ser formado pelo encarregado de dados, responsável pelo setor de TI, responsável pelas ações de *marketing* e comunicação interna e membros da diretoria. É necessário identificar quem será o líder do comitê, normalmente alguém com grande poder de decisão.

Sempre que for identificada uma crise, esse comitê deverá ser instituído e terá a duração necessária para superar a crise.

O trabalho do Comitê deve prever as seguintes atividades, que podem ser adaptadas conforme o caso:

- Definir o problema para ter clareza sobre o que exatamente está acontecendo. Qual é o grupo de titulares foi afetado, a extensão do problema e quais os tipos de dados foram afetados.
- Levantar informações relevantes para identificar os fatos, descartar boatos, conversar com quem for diretamente responsável pelo problema e entender o que realmente aconteceu a fim de definir o que poderá ser feito.
- Centralizar a comunicação para que todas as comunicações acerca do incidente partam desse comitê. Tal medida se faz indispensável para minimizar informações desencontradas.
- Comunicar, o mais breve possível e com frequência, ao público interno e externo informações relevantes, a fim de demonstrar transparência nas ações e mantê-los seguros de que o problema está sendo tratado com todo o cuidado e responsabilidade.
- Definir as estratégias de mídia mais adequadas para que a comunicação chegue aos titulares atingidos pelo incidente.

### 3.10.2 Agir imediatamente para interromper ou minimizar o incidente

O primeiro passo para a interrupção do incidente é avaliar se existe algum plano de contingência previsto para o tipo de incidente.

Caso o incidente não esteja previsto, é necessário avaliar com rapidez as possíveis ações para interrompê-lo, sempre levando em consideração o menor impacto nos direitos dos titulares.

### 3.10.3 Investigar o incidente

A liderança sobre o processo de investigação do incidente é do encarregado de dados, que deverá buscar o apoio de todas as áreas da empresa para esclarecer o ocorrido.

A área de TI deve auxiliar no rastreamento e na investigação das questões de segurança, assim como analisar os sistemas comprometidos para levantar a extensão dos danos.

É importante que essa investigação seja registrada e realimente o sistema de gestão da proteção de dados.

### 3.10.4 Restaurar os recursos afetados

Novamente, o primeiro ponto de consulta para as ações a serem tomadas deve ser o plano de contingência.

Caso o incidente não tenha sido previsto, deve-se levantar as possíveis ações e levá-las para a decisão do comitê de crise.

### 3.10.5 Comunicar o incidente

A imagem, a reputação e a credibilidade são ativos muito importantes para qualquer negócio. Assim, determinar as estratégias de mídia e comunicação é atribuição do comitê de crise, que será responsável por elaborar as mensagens-chave, as quais devem incluir informações sobre o que aconteceu, o que a organização está fazendo a respeito e como está cooperando com as autoridades relevantes.

### 3.10.6 Comunicar o incidente aos titulares

**Primeira comunicação:** num primeiro momento, é possível que não se tenham todas as informações sobre o incidente, porém, para uma maior transparência na relação com os titulares de dados, deve-se fazer uma comunicação informando que se está ciente do problema e que está tomando todas as providências para resolver a questão.

Por exemplo:

> Apesar de todas as ações de Segurança da Informação e Proteção de Dados que promovemos, fomos vítimas de um incidente de vazamento de dados. Ainda não temos informações suficientes para determinar a extensão do problema, porém já tomamos as seguintes ações a fim de contê-lo:
>
> [enumerar as ações]
>
> Pautamos nossa atuação na Ética e Transparência, por isto nosso objetivo é deixar tudo esclarecido o mais breve possível. Outras comunicações serão enviadas com o desenrolar dos fatos.

**Outras comunicações:** todas as outras comunicações com os titulares de dados deverão ser definidas pelo comitê de crise, levando-se em conta todo o cenário do incidente.

### 3.10.7 Comunicar o incidente à Agência Nacional de Proteção de Dados

A LGPD determina que a comunicação será feita em prazo razoável, conforme definido pela autoridade nacional, e deverá mencionar, no mínimo:

I. a descrição da natureza dos dados pessoais afetados;

II. as informações sobre os titulares envolvidos;

III. a indicação das medidas técnicas e de segurança utilizadas para a proteção dos dados, observados os segredos comercial e industrial;

IV. os riscos relacionados ao incidente;

V. os motivos da demora, no caso de a comunicação não ter sido imediata; e

VI. as medidas que foram ou que serão adotadas para reverter ou mitigar os efeitos do prejuízo.

A autoridade nacional verificará a gravidade do incidente e poderá, caso necessário para a salvaguarda dos direitos dos titulares, determinar ao controlador a adoção de providências, tais como:

I. ampla divulgação do fato em meios de comunicação; e

II. medidas para reverter ou mitigar os efeitos do incidente.

Para tal, deve ser utilizado o modelo disponibilizado no *site* da ANPD.

Como se pode perceber, o plano de continuidade de negócios vai muito além de apenas estar preparado para quando houver um incidente envolvendo dados pessoais. É recomendado que existam planos de contingências para todos os ativos que são essenciais para o funcionamento mínimo da empresa.

## 3.11 RELATÓRIO DE IMPACTO À PROTEÇÃO DE DADOS (RIPD)

O RIPD é a documentação do controlador que contém a descrição dos processos de tratamento de dados pessoais que podem gerar riscos às liberdades civis e aos direitos fundamentais, bem como medidas, salvaguardas e mecanismos de mitigação de risco

Conforme o art. 38, a autoridade nacional poderá determinar ao controlador que elabore relatório de impacto à proteção de dados pessoais, inclusive de dados sensíveis, referente a suas operações de tratamento de dados, nos termos de regulamento, observados os segredos comercial e industrial.

O relatório deverá conter, no mínimo, a descrição dos tipos de dados coletados, a metodologia utilizada para a coleta e para a garantia da segurança das informações e a análise do controlador com relação a medidas, salvaguardas e mecanismos de mitigação de risco adotados.

Caso sua empresa faça tratamento de dados fundamentado na hipótese de legítimo interesse, é recomendado que se faça o RIPD, pois a ANPD poderá solicitar esse relatório a qualquer tempo.

### 3.11.1 Estrutura do RIPD

É uma das atribuições da ANPD editar regulamentos e procedimentos sobre proteção de dados pessoais e privacidade, bem como sobre relatórios de impacto à proteção de dados pessoais para os casos em que o tratamento representar alto risco à garantia dos princípios gerais de proteção de dados pessoais previstos na LGPD.

Até a publicação desta edição, a ANPD não havia divulgado um modelo ou orientações sobre RIPD. Assim, esta proposta foi inspirada no modelo utilizado pela

Inglaterra devido à abordagem completa, simples e direta para registro da avaliação de impacto à proteção de dados pessoais, haja vista que a LGPD tem uma similaridade muito grande com a GDPR, a lei europeia.

#### 3.11.1.1 Identificação dos agentes de tratamento e do encarregado

Nesta seção, identifique quem são os envolvidos no tratamento de dados, bem como o encarregado que irá responder pelo tratamento.

- **Controlador:** nome da pessoa natural ou jurídica, de direito público ou privado, a quem competem as decisões referentes ao tratamento de dados pessoais (LGPD, art. 5º, VI).
- **Operador:** nome da pessoa natural ou jurídica, de direito público ou privado, que realiza o tratamento de dados pessoais em nome do controlador (LGPD, art. 5º, VII).
- **Encarregado de dados:** nome da pessoa indicada pelo controlador e operador para atuar como canal de comunicação entre o controlador, os titulares dos dados e a Autoridade Nacional de Proteção de Dados – ANPD (LGPD, art. 5º, VIII). Neste caso, é indicado incluir os dados para contato, como *e-mail* e telefone.

#### 3.11.1.2 Necessidade de elaborar o relatório

Os casos previstos pela LGPD em que o RIPD deverá ou poderá ser solicitado são:

- para tratamento de dados pessoais realizados para fins de segurança pública, defesa nacional, segurança do Estado ou atividades de investigação e repressão de infrações penais (exceções previstas pelo inciso III do art. 4º);
- quando houver infração da LGPD em decorrência do tratamento de dados pessoais por órgãos públicos (arts. 31 e 32 combinados); e
- a qualquer momento sob determinação da ANPD (art. 38).

Quando for necessária a elaboração do RIPD, é preciso avaliar se os processos ou sistemas de informação existentes ou a serem implementados geram impactos à proteção dos dados pessoais, a fim de decidir sobre a elaboração ou atualização do RIPD.

Pode-se elaborar um RIPD único para todas as operações de tratamento de dados pessoais ou de um RIPD para cada processo ou serviço. Isso deve ser avaliado pela empresa considerando os seus processos internos e a complexidade do seu negócio.

Além dos casos específicos previstos pela LGPD, a elaboração do RIPD é indicada sempre que existir a possibilidade de ocorrer impacto na privacidade dos dados pessoais, resultante de:

- uma tecnologia, um serviço ou outra nova iniciativa em que dados pessoais e dados pessoais sensíveis sejam ou devam ser tratados;
- rastreamento da localização dos indivíduos ou qualquer outra ação de tratamento que vise à formação de perfil comportamental de pessoa natural, se identificada (LGPD, art. 12, § 2º);
- tratamento de dado pessoal sobre:

> origem racial ou étnica, convicção religiosa, opinião política, filiação a sindicato ou a organização de caráter religioso, filosófico ou político, dado referente à saúde ou à vida sexual, dado genético ou biométrico, quando vinculado a uma pessoa natural (LGPD, art. 5º, II);

- processamento de dados pessoais usado para tomar decisões automatizadas que possam ter efeitos legais, incluídas as decisões destinadas a definir o seu perfil pessoal, profissional, de consumo e de crédito ou os aspectos de sua personalidade (LGPD, art. 20);
- tratamento de dados pessoais de crianças e adolescentes (LGPD, art. 14);
- tratamento de dados que possa resultar em algum tipo de dano patrimonial, moral, individual ou coletivo aos titulares de dados, se houver vazamento (LGPD, art. 42);
- tratamento de dados pessoais realizado para fins exclusivos de segurança pública, defesa nacional, segurança do Estado, ou atividades de investigação e repressão de infrações penais (LGPD, art. 4º, III);
- tratamento no interesse legítimo do controlador (LGPD, art. 10, § 3º);
- alterações nas leis e nos regulamentos aplicáveis a privacidade, política e normas internas, operação do sistema de informações, propósitos e meios para tratar dados, fluxos de dados novos ou alterados etc.; e
- reformas administrativas que implicam nova estrutura organizacional resultante da incorporação, fusão ou cisão de órgãos ou entidades.

Em resumo, neste item devem ser indicados quais dos itens anteriores motivaram a elaboração do RIPD pela organização.

#### 3.11.1.3 Descrição do tratamento

A descrição dos processos de tratamento de dados pessoais que podem gerar riscos às liberdades civis e aos direitos fundamentais envolve a especificação da natureza, do escopo, do contexto e da finalidade do tratamento.

A LGPD (art. 5º, X) considera tratamento:

> (...) toda operação realizada com dados pessoais, como as que se referem a coleta, produção, recepção, classificação, utilização, acesso, reprodução, transmissão, distribuição, processamento, arquivamento, armazenamento, eliminação, avaliação ou controle da informação, modificação, comunicação, transferência, difusão ou extração.

O objetivo principal dessa descrição é fornecer o cenário relativo aos processos que envolvem o tratamento dos dados pessoais, fornecendo subsídios para avaliação e tratamento de riscos.

#### 3.11.1.3.1 Natureza do tratamento

A natureza representa como a empresa pretende tratar – ou trata – o dado pessoal.

Importante descrever, por exemplo:

- como os dados pessoais são coletados, retidos/armazenados, tratados, usados e eliminados;
- fonte de dados (ex.: titular de dados, planilha eletrônica, arquivo XML, formulário em papel etc.) utilizada para coleta dos dados pessoais;
- com quais órgãos, entidades ou empresas os dados pessoais são compartilhados e quais são esses dados;
- quais são os operadores que realizam o tratamento de dados pessoais em nome do controlador e destacar em quais fases (coleta, retenção, processamento, compartilhamento, eliminação) eles atuam;
- se adotou recentemente algum tipo de nova tecnologia ou método de tratamento que envolva dados pessoais. A informação sobre o uso de nova tecnologia ou método de tratamento é importante no sentido de possibilitar a identificação de possíveis riscos resultantes desse uso; e
- medidas de segurança atualmente adotadas.

Na elaboração dessa descrição, é importante considerar a possibilidade de desenvolver um diagrama ou qualquer outra documentação que demonstre os fluxos de dados da organização.

#### 3.11.1.3.2 Escopo do tratamento

O escopo representa a abrangência do tratamento de dados.

Nesse sentido, é importante destacar:

- as informações sobre os tipos dos dados pessoais tratados, ressaltando quais dos dados são considerados dados pessoais sensíveis;
- o volume dos dados pessoais a serem coletados e tratados;
- a extensão e a frequência em que os dados são tratados;

- o período de retenção, informação sobre por quanto tempo os dados pessoais serão mantidos, retidos ou armazenados;
- o número de titulares de dados afetados pelo tratamento; e
- a abrangência da área geográfica do tratamento.

O levantamento das informações anteriores auxilia a determinar se o tratamento de dados pessoais é realizado em alta escala.

#### 3.11.1.3.3 Contexto do tratamento

Nesta seção, é importante descrever um cenário mais amplo, incluindo fatores internos e externos que podem afetar os direitos dos titulares dos dados pessoais ou o impacto sobre o tratamento dos dados.

O levantamento das informações a seguir permitirá demonstrar o equilíbrio entre o interesse e a necessidade do controlador em tratar os dados pessoais e os direitos dos titulares de tais dados:

- natureza do relacionamento da organização com os indivíduos;
- nível ou método de controle que os indivíduos exercem sobre os dados pessoais;
- destacar se o tratamento envolve crianças, adolescentes ou outro grupo vulnerável;
- destacar se o tipo de tratamento realizado sobre os dados é condizente com a expectativa dos titulares dos dados pessoais. Ou seja, o dado pessoal não é tratado de maneira diferente do que é determinado em leis e regulamentos, e comunicado pela empresa ao titular de dados;
- destaque de qualquer experiência anterior com esse tipo de tratamento de dados;
- destaque de avanços relevantes da organização em tecnologia ou segurança que contribuem para a proteção dos dados pessoais.

#### 3.11.1.3.4 Finalidade do tratamento

A finalidade é a razão ou o motivo pelo qual se deseja tratar os dados pessoais. É importantíssimo estabelecer, claramente, a finalidade, pois é ela que justifica o tratamento e fornece os elementos para informar o titular dos dados.

Nesta seção, é igualmente de suma importância detalhar o que se pretende alcançar com o tratamento dos dados pessoais. Considere os exemplos de finalidades a seguir, embasados nos arts. 7º e 11 da LGPD, no que for possível aplicar:

- cumprimento de obrigação legal ou regulatória pelo controlador;
- execução de políticas públicas;
- alguma espécie de estudo realizado por órgão de pesquisa;

- execução de contrato ou de procedimentos preliminares relacionados a contrato do qual seja parte o titular, a pedido do titular dos dados;
- exercício regular de direitos em processo judicial, administrativo ou arbitral;
- proteção da vida ou da incolumidade física do titular ou de terceiro;
- tutela da saúde;
- atender aos interesses legítimos do controlador ou de terceiro;
- proteção do crédito; e
- garantia da prevenção à fraude e à segurança do titular.

Esses exemplos podem não refletir a finalidade que a empresa pretende alcançar com o seu tratamento de dados. Desse modo, deve-se informar e detalhar qualquer outra finalidade específica do controlador para tratamento dos dados pessoais.

Ao detalhar a finalidade do tratamento dos dados pessoais, é importante:

- indicar qual(is) o(s) resultado(s) pretendido(s) para os titulares dos dados pessoais, informando o quão importantes são esses resultados;
- informar os benefícios esperados ao órgão, à entidade ou à sociedade de modo geral.

Caso a fundamentação legal para o tratamento de dados seja para atender o legítimo interesse do controlador, é necessário avaliar se a finalidade é legítima, considerada a partir de situações concretas, conforme previsto pelo art. 10 da LGPD:

> **Art. 10.** O legítimo interesse do controlador somente poderá fundamentar tratamento de dados pessoais para finalidades legítimas, consideradas a partir de situações concretas, que incluem, mas não se limitam a:
>
> I – apoio e promoção de atividades do controlador; e
>
> II – proteção, em relação ao titular, do exercício regular de seus direitos ou prestação de serviços que o beneficiem, respeitadas as legítimas expectativas dele e os direitos e liberdades fundamentais, nos termos desta Lei.
>
> § 1º Quando o tratamento for baseado no legítimo interesse do controlador, somente os dados pessoais estritamente necessários para a finalidade pretendida poderão ser tratados.
>
> § 2º O controlador deverá adotar medidas para garantir a transparência do tratamento de dados baseado em seu legítimo interesse.
>
> § 3º A autoridade nacional poderá solicitar ao controlador relatório de impacto à proteção de dados pessoais, quando o tratamento tiver como fundamento seu interesse legítimo, observados os segredos comercial e industrial.

É importante ressaltar que a organização deve equilibrar seus interesses com os dos indivíduos com os quais ela tem relacionamento.

#### 3.11.1.4 Partes interessadas consultadas

Identificar as partes interessadas relevantes, internas e externas, consultadas a fim de obter opiniões legais, técnicas ou administrativas sobre o tratamento de dados pessoais em questão.

Nesta seção, deve-se identificar:

- quais partes foram consultadas, por exemplo: operador (LGPD, art. 5º, VII), encarregado (LGPD, art. 5º, VIII), gestores, especialistas em segurança da informação, consultores jurídicos etc.; e
- o que cada parte consultada indicou como importante de ser observado para o tratamento dos dados pessoais em relação aos possíveis riscos referentes às atividades de tratamento em análise.

A LGPD garante o segredo comercial ou industrial; assim, caso não seja possível registrar as opiniões das partes interessadas consultadas, pelo menos se deve apresentar os motivos para não ser realizado o registro das informações obtidas.

#### 3.11.1.5 Necessidade e proporcionalidade

Nesta seção, deve-se descrever como a organização avalia a necessidade e a proporcionalidade dos dados. É preciso demonstrar que as operações realizadas sobre os dados pessoais limitam o tratamento ao mínimo necessário para a realização de suas finalidades, com abrangência dos dados pertinentes, proporcionais e não excessivos em relação às finalidades do tratamento de dados (LGPD, art. 6º, III).

Logo, é importante destacar:

- A fundamentação legal para o tratamento dos dados pessoais.
- Caso o fundamento legal seja embasado no legítimo interesse do controlador (LGPD, art. 10), demonstrar que:
    - esse tratamento de dados pessoais é indispensável;
    - não há outra base legal possível de se utilizar para alcançar o mesmo propósito; e
    - esse processamento de fato auxilia no propósito almejado.
- Como será garantida a qualidade [exatidão, clareza, relevância e atualização dos dados] e minimização dos dados.
- Quais medidas são adotadas a fim de assegurar que o operador realize o tratamento de dados pessoais conforme a LGPD e respeite os critérios estabelecidos pela organização que exerce o papel de controlador.
- Como estão implementadas as medidas que asseguram o direito de o titular dos dados pessoais obter do controlador o previsto pelo art. 18 da LGPD.

- Como a organização pretende fornecer informações de privacidade para os titulares dos dados pessoais.
- Quais são as salvaguardas para as transferências internacionais de dados.

O art. 18 da LGPD é bem extenso e trata do direito que o titular tem de requisitar do controlador ações e informações específicas em relação ao tratamento realizado sobre os dados pessoais, por isso temos uma seção específica para tratar desse tema.

#### 3.11.1.6 Identificação e avaliação de riscos

O art. 5º, XVII, da LGPD define que o Relatório de Impacto deve descrever "medidas, salvaguardas e mecanismos de mitigação de risco".

Antes de definir tais medidas, salvaguardas e mecanismos, é necessário identificar os riscos que geram impacto potencial sobre o titular dos dados pessoais.

Para cada risco identificado, define-se: a probabilidade de ocorrência do evento de risco, o possível impacto caso o risco ocorra, avaliando o nível potencial de risco para cada evento.

Este tópico é amplamente discutido no item 3.6. Gestão de riscos.

Assim, traga para esse documento as definições e os conceitos de riscos adotados pela empresa, para ilustrar como a organização faz a identificação e avaliação de riscos, bem como a lista de riscos identificados com sua respectiva classificação conforme a probabilidade e o impacto.

| Id | Risco referente ao tratamento de dados pessoais | P | I | Nível de risco |
|---|---|---|---|---|
| R01 | <Risco 1> | | | |
| R02 | <Risco 2> | | | |
| R03 | <Risco N> | | | |

#### 3.11.1.7 Medidas para tratar os riscos

Os agentes de tratamento devem adotar medidas de segurança, técnicas e administrativas aptas a proteger os dados pessoais de acessos não autorizados e de situações acidentais ou ilícitas de destruição, perda, alteração, comunicação ou qualquer forma de tratamento inadequado ou ilícito (LGPD, art. 46).

Nesta seção, descreva a lista de riscos identificados, com suas respectivas medidas de segurança ou controle. Nem sempre é possível eliminar todos os riscos. Nesse sentido, é importante fazer uma avaliação do risco residual e decidir se os riscos ficaram num nível aceitável após as ações de mitigação.

| Risco | Medida(s) | Opção de tratamento[5] | Risco residual[6] | | | Medida(s)[7] aprovada(s) |
|---|---|---|---|---|---|---|
| | | | P | I | Nível de risco | |
| **<Risco 1>** | <Medida 1; Medida 2; Medida N> | | | | | |
| **<Risco 2>** | <Medida 1; Medida 2; Medida N> | | | | | |
| **<Risco N>** | <Medida 1; Medida 2; Medida N> | | | | | |

Legenda: P – Probabilidade; I – Impacto.
Aplicam-se as mesmas definições de probabilidade e impacto da avaliação de riscos.

#### 3.11.1.8 Aprovação

Esta seção visa formalizar a aprovação do RIPD por meio da obtenção das assinaturas do responsável pela elaboração do relatório, pelo encarregado e pelos representantes do controlador e do operador. O responsável pela elaboração do relatório pode ser o próprio encarregado ou qualquer outra pessoa designada pelo controlador com conhecimento necessário para tal.

O RIPD deve ser revisto e atualizado anualmente ou sempre que existir qualquer tipo de mudança que afete o tratamento dos dados pessoais realizado pela organização.

## 3.12 TREINAMENTOS E CULTURA DA PROTEÇÃO DE DADOS

Além de regulamentar o tratamento de dados pessoais e proteger os direitos dos titulares de dados, uma das grandes propostas da LGPD é a criação de uma cultura de proteção de dados em todas as empresas e na sociedade brasileira.

Segundo a IAPP (International Association of Privacy Professionals; em português: Associação Internacional de Profissionais de Privacidade), cultura é um padrão integrado de conhecimento, crença e comportamentos humanos que caracteriza uma organização. Logo, podemos afirmar que é essencial a definição de políticas para determinar o padrão e as crenças da empresa quanto à segurança da informação e à proteção de dados, que deverão ser disseminadas e seguidas por todas as pessoas da organização.

5 Trata-se da opção de tratamento do risco com a aplicação da(s) medida(s) descrita(s) na tabela. Indique conforme suas definições de tratamento de risco: diminuir, evitar, compartilhar e reter.

6 É o risco que ainda permanece mesmo após a aplicação de medidas para tratá-lo.

7 Trata-se de medida(s) aprovada(s) pelo controlador dos dados pessoais. Preencher a coluna com: **sim**, caso as medidas tenham sido implementadas, ou **não**.

Somente quando essa cultura estiver implantada, as empresas estarão mais seguras, e a grande chave para que isso aconteça são as pessoas. Em sua maioria, os incidentes acontecem por conta do fator humano; por isso, o treinamento das pessoas é muito importante.

É bem verdade que tudo fica mais fácil se o exemplo vier dos níveis mais altos da organização. Portanto, busque o engajamento da alta direção, para que eles possam ser os embaixadores dessa nova cultura. Para isso, procure envolver a equipe de gestão desde o início do projeto, de modo que, assim, se crie uma consciência de seu papel para a estabilidade e a eficácia do programa.

Para abranger toda a empresa, faça um plano de treinamento para os colaboradores e prestadores de serviço. Neste treinamento, aborde os princípios básicos da LGPD e instrua todas as pessoas sobre seus direitos como cidadãos, isso fará com que se crie uma empatia com as pessoas que se relacionem com sua empresa. Deixe claro os comportamentos esperados e as regras definidas na Política de Segurança da Informação. Lembre-se de incorporar esse assunto no *onboarding* de novos colaboradores.

Faça auditorias periódicas com um viés orientativo, para entender como está a adoção da cultura de proteção de dados, orientar as pessoas sobre as práticas corretas e buscar oportunidades de melhoria no processo.

Uma mudança ou implantação de uma nova cultura, nas organizações, exige planejamento, prática e persistência. Seja criativo para engajar as pessoas e busque os recursos necessários para atingir os objetivos da organização.

## 3.13 *PRIVACY BY DESIGN*

A ideia de *privacy by design* é incorporar garantias de privacidade e dados pessoais em todos os projetos desenvolvidos na empresa. Para isso, a proteção de dados e a segurança da informação devem estar no centro desse desenvolvimento. Essa ideia pode ser uma fonte de inspiração para as empresas incorporarem a proteção de dados entre seus valores e reforçar seu compromisso com os princípios da LGPD.

O *privacy by design* pode ser mais bem compreendido analisando-se os seus sete pilares, que são:

1. **Proativo não reativo; preventiva não corretiva:** o objetivo é antecipar os problemas e entregar soluções que impeçam que eles aconteçam. Dessa forma, é necessário monitoramento constante, análise de riscos e desenvolvimento

de correções sempre que alguma possível falha seja identificada, tomando precauções para evitar que esta ocorra.

2. **Privacidade incorporada ao *design*:** trata-se da ideia de que o usuário terá o controle para alterar as configurações-padrão e optar por fornecer ou não seus dados; ainda assim, conseguirá utilizar o produto ou serviço.
3. **Funcionalidade completa:** seguindo as premissas da privacidade incorporada ao *design*, o produto ou serviço deve ser plenamente utilizável caso o usuário não altere as configurações de privacidade. Não deve haver alguma funcionalidade adicional ou vantagem ao usuário caso altere a configuração de privacidade. A proteção da privacidade precisa ser garantida.
4. **Segurança de ponta a ponta:** é a proteção total do ciclo de vida do dado. A proteção da privacidade não se limita à configuração do produto ou serviço. Quando o usuário autoriza a coleta de algum dado, o tratamento desse dado deve ser de forma segura, desde a coleta até sua eliminação.
5. **Visibilidade e transparência:** as empresas devem permitir que seja verificado que elas cumprem o que prometem sobre os dados dos usuários, seja diretamente, seja por auditorias independentes. É necessário que a companhia possa comprovar que passou do discurso para a prática e que protege os dados dos usuários. Isso pode ser realizado por meio de diversas formas e deve estar disponível às pessoas.
6. **Respeito pela privacidade do usuário:** a privacidade do usuário deve ser a principal preocupação. Portanto, garantir a segurança dos dados do usuário envolve diretrizes de segurança da informação capazes de assegurar a confidencialidade, a integridade e a disponibilidade dos dados e das informações durante todo seu ciclo de vida.
7. **Privacidade como configuração-padrão (*privacy by default*):** a configuração-padrão de qualquer serviço disponibilizado ao usuário deve proporcionar a máxima proteção ao usuário. Ele não deve precisar ajustar nenhuma configuração para garantir sua privacidade.

Implantar práticas de *privacy by default* e *privacy by design* se resume no envolvimento e engajamento de todos os setores da empresa para assegurar que os dados do usuário sejam protegidos e tratados de forma segura. A definição do que é segurança evoluirá com o tempo, assim como deve ocorrer com as práticas da empresa. O *privacy by design* se relaciona com a cultura de proteção de dados e segurança da informação.

## 3.14 MONITORAMENTO E CONTROLE

O tema "proteção de dados e segurança da informação" não se encerra com o fim do projeto de adequação à LGPD. Na realidade, esse projeto é apenas o primeiro passo para a implantação de uma cultura de proteção de dados.

Para que se atinjam os objetivos propostos pela LGPD, é fundamental que a empresa adote um modelo de gestão da proteção de dados que, uma vez incorporado à gestão da empresa, seja melhorado continuamente.

Existem diversas ferramentas que podem ser utilizadas no processo de implementação da melhoria contínua, tais como *Kaizen*, ciclo PDCA, *Six Sigma*, *Lean Thinking*, entre outras. Cada uma com suas vantagens e aplicações. Se sua empresa já adota uma dessas ferramentas, busque aplicá-la no contexto da proteção de dados e da segurança da informação. Caso contrário, crie uma estrutura mínima para manter o processo de melhoria contínua, conforme o sugerido a seguir utilizando o ciclo PDCA.

O ciclo PDCA (*Plan*, *Do*, *Check*, *Act*) é um modelo de pensamento da gestão de qualidade que, quando aplicado a uma empresa, promove a melhoria contínua de processos. Ele se vale de quatro etapas consideradas fundamentais, são elas:

1. ***Plan* (planejar):** nesta etapa, é fundamental identificar quais são as necessidades da empresa ou os problemas que precisam ser resolvidos e, em seguida, desenvolver o planejamento. A ideia é criar planos de ação, métricas e objetivos para que o ciclo se inicie. No contexto da LGPD, o primeiro momento de planejamento é o projeto de adequação à lei. Outros momentos de planejamento deverão ocorrer periodicamente com a revisão da lista de riscos, a avaliação das ocorrências/incidentes de proteção de dados que aconteceram dentro do período, a compra de novos equipamentos, a mudança de processos que utilizam dados pessoais, entre outros.
2. ***Do* (fazer):** após identificar os problemas (ou a necessidades do negócio) e planejar uma solução, é necessário implementá-la.
3. ***Check* (checar):** as soluções implementadas precisam ser avaliadas para identificar se elas resolveram o problema. Nesta etapa desenvolva indicadores de desempenho que possam demonstrar os resultados obtidos com a nova solução.
4. ***Action or adjust* (ação ou ajustar):** para fechar, temos o último passo do PDCA, que é a ação (ou o ajuste). Após a realização de todas as etapas anteriores, o gestor precisa verificar se a situação melhorou ou não. Em caso negativo, é importante retornar à primeira fase e adotar ações corretivas.

A melhoria contínua permite que o sistema de gestão da proteção de dados fique cada vez mais robusto, reduzindo o risco de incidentes graves de segurança da informação e trazendo, com isso, mais transparência e segurança nas relações que utilizam dados pessoais e, consequentemente, maior confiança dos seus clientes, colaboradores, fornecedores e prestadores de serviço.

## 3.15 SISTEMA DE GESTÃO DA PROTEÇÃO DE DADOS E DA SEGURANÇA DA INFORMAÇÃO

Um sistema de gestão é um conjunto de elementos interligados, integrados na organização, que funciona como uma engrenagem para atender aos objetivos da empresa.

Neste livro, propomos um sistema de gestão da proteção de dados e da segurança da informação que tem como objetivo tornar as relações entre as empresas e os seus titulares de dados mais transparentes e seguras, cumprindo os requisitos da Lei Geral de Proteção de Dados.

Esse sistema reúne ferramentas e técnicas como mapeamento de dados, gestão de riscos, política de segurança da informação, entre outras, que, em conjunto, garantem a proteção de dados e proporcionam à empresa a tranquilidade necessária para focar no que realmente importa no seu negócio.

O sistema de gestão da proteção de dados e da segurança da informação começa a ser implantado com o Projeto de Adequação à LGPD, devendo ser incorporado ao sistema de gestão da empresa e reavaliado constantemente para melhorias contínuas. Para isso, defina indicadores a fim de avaliar se tudo está acontecendo em conformidade com os padrões e expectativas estabelecidos. Crie metas e faça reuniões de acompanhamento para avaliação desses indicadores e, assim, fazer os ajustes necessários para atingi-los.

A implantação desse sistema pode ser longa e trabalhosa, e sua manutenção requer disciplina e persistência. Contudo, os benefícios trazidos por ele irão levar a sua empresa a outro nível na gestão de um dos seus ativos mais importantes: a informação.

Todas as ferramentas e técnicas necessárias para isso estão neste livro, desejamos que tenha êxito na sua implementação e manutenção.

Sucesso!!!

# ANEXOS

# 1. RAZÕES DE VETO À LEI Nº 13.706/2018

**MENSAGEM Nº 451, DE 14 DE AGOSTO DE 2018.**

Senhor Presidente do Senado Federal,

Comunico a Vossa Excelência que, nos termos do § 1º do art. 66 da Constituição, decidi vetar parcialmente, por contrariedade ao interesse público e inconstitucionalidade, o Projeto de Lei nº 53, de 2018 (nº 4.060/12 na Câmara dos Deputados), que "Dispõe sobre a proteção de dados pessoais e altera a Lei nº 12.965, de 23 de abril de 2014 (Marco Civil da Internet)".

Ouvido, o Ministério da Fazenda manifestou-se pelo veto ao seguinte dispositivo:

**Inciso II do art. 23**

"II – sejam protegidos e preservados dados pessoais de requerentes de acesso à informação, nos termos da Lei nº 12.527, de 18 de novembro de 2011 (Lei de Acesso à Informação), vedado seu compartilhamento no âmbito do Poder Público e com pessoas jurídicas de direito privado;"

**Razões do veto**

"O dispositivo veda o compartilhamento de dados pessoas no âmbito do Poder Público e com pessoas jurídicas de direto privado. Ocorre que o compartilhamento de informações relacionadas à pessoa natural identificada ou identificável é medida recorrente e essencial para o regular exercício de diversas atividades e políticas públicas. É o caso, por exemplo, do banco de dados da Previdência Social e do Cadastro Nacional de Informações Sociais, cujas informações são utilizadas para o reconhecimento do direito de seus beneficiários e alimentados a partir do compartilhamento de diversas bases de dados administrados por outros órgãos públicos. Ademais, algumas atividades afetas ao poder de polícia administrativa poderiam ser inviabilizadas, a exemplo de investigações no âmbito do Sistema Financeiro Nacional, dentre outras."

O Ministério da Fazenda juntamente com o Banco Central do Brasil opinou pelo veto ao dispositivo a seguir transcrito:

**Inciso II do § 1º do art. 26**

"II – quando houver previsão legal e a transferência for respaldada em contratos, convênios ou instrumentos congêneres;"

**Razões do veto**

"A redação do dispositivo exige que haja, cumulativamente, previsão legal e respaldo em contratos, convênios ou instrumentos congêneres para o compartilhamento de dados pessoais entre o Poder Público e entidades privadas. A cumulatividade da exigência estabelecida no dispositivo inviabiliza o funcionamento da Administração Pública, já que diversos procedimentos relativos à transferência de dados pessoais encontram-se detalhados em atos normativos infralegais, a exemplo do processamento da folha de pagamento dos servidores públicos em instituições financeiras privadas, a arrecadação de taxas e tributos e o pagamento de benefícios previdenciários e sociais, dentre outros."

Ouvidos, os Ministérios da Fazenda, do Planejamento, Desenvolvimento e Gestão e da Transparência e Controladoria-Geral da União manifestaram-se pelo veto ao seguinte dispositivo:

**Art. 28**

"Art. 28. A comunicação ou o uso compartilhado de dados pessoais entre órgãos e entidades de direito público será objeto de publicidade, nos termos do inciso I do *caput* do art. 23 desta Lei."

**Razão do veto**

"A publicidade irrestrita da comunicação ou do uso compartilhado de dados pessoais entre órgãos e entidades de direito público, imposta pelo dispositivo, pode tornar inviável o exercício regular de algumas ações públicas como as de fiscalização, controle e polícia administrativa."

Os Ministérios da Fazenda, da Saúde, do Planejamento, Desenvolvimento e Gestão, da Ciência, Tecnologia, Inovações e Comunicações e o Banco Central do Brasil, opinaram pelo veto aos dispositivos a seguir transcritos:

**Incisos VII, VIII e IX do art. 52**

"VII – suspensão parcial ou total do funcionamento do banco de dados a que se refere a infração pelo período máximo de 6 (seis) meses, prorrogável por igual período até a regularização da atividade de tratamento pelo controlador;

VIII – suspensão do exercício da atividade de tratamento dos dados pessoais a que se refere a infração pelo período máximo de 6 (seis) meses, prorrogável por igual período;

IX – proibição parcial ou total do exercício de atividades relacionadas a tratamento de dados."

**Razões dos vetos**

"As sanções administrativas de suspensão ou proibição do funcionamento/exercício da atividade relacionada ao tratamento de dados podem gerar insegurança aos responsáveis por essas informações, bem como impossibilitar a utilização e tratamento de bancos de dados essenciais a diversas atividades, a exemplo das aproveitadas pelas instituições financeiras, dentre outras, podendo acarretar prejuízo à estabilidade do sistema financeiro nacional."

Ouvidos, ainda, os Ministérios da Justiça, da Fazenda, da Transparência e Controladoria-Geral da União, do Planejamento, Desenvolvimento e Gestão, da Segurança Pública, da Ciência, Tecnologia, Inovações e Comunicações e o Banco Central do Brasil, manifestaram-se pelo veto aos seguintes dispositivos:

### Arts. 55 ao 59

"Art. 55. É criada a Autoridade Nacional de Proteção de Dados (ANPD), integrante da administração pública federal indireta, submetida a regime autárquico especial e vinculada ao Ministério da Justiça.

§ 1º A ANPD deverá ser regida nos termos previstos na Lei nº 9.986, de 18 de julho de 2000.

§ 2º A ANPD será composta pelo Conselho Diretor, como órgão máximo, e pelo Conselho Nacional de Proteção de Dados Pessoais e da Privacidade, além das unidades especializadas para a aplicação desta Lei.

§ 3º A natureza de autarquia especial conferida à ANPD é caracterizada por independência administrativa, ausência de subordinação hierárquica, mandato fixo e estabilidade de seus dirigentes e autonomia financeira.

§ 4º O regulamento e a estrutura organizacional da ANPD serão aprovados por decreto do Presidente da República.

§ 5º O Conselho Diretor será composto por 3 (três) conselheiros e decidirá por maioria.

§ 6º O mandato dos membros do Conselho Diretor será de 4 (quatro) anos.

§ 7º Os mandatos dos primeiros membros do Conselho Diretor serão de 3 (três), 4 (quatro) e 5 (cinco) anos, a serem estabelecidos no decreto de nomeação.

§ 8º É vedado a ex-conselheiro utilizar informações privilegiadas obtidas em decorrência do cargo exercido, sob pena de incorrer em improbidade administrativa.

**Art. 56.** A ANPD terá as seguintes atribuições:

I – zelar pela proteção dos dados pessoais, nos termos da legislação;

II – zelar pela observância dos segredos comercial e industrial em ponderação com a proteção de dados pessoais e do sigilo das informações quando protegido por lei ou quando a quebra do sigilo violar os fundamentos do art. 2º desta Lei;

III – elaborar diretrizes para Política Nacional de Proteção de Dados Pessoais e da Privacidade;

IV – fiscalizar e aplicar sanções em caso de tratamento de dados realizado em descumprimento à legislação, mediante processo administrativo que assegure o contraditório, a ampla defesa e o direito de recurso;

V – atender petições de titular contra controlador;

VI – promover na população o conhecimento das normas e das políticas públicas sobre proteção de dados pessoais e das medidas de segurança;

VII – promover estudos sobre as práticas nacionais e internacionais de proteção de dados pessoais e privacidade;

VIII – estimular a adoção de padrões para serviços e produtos que facilitem o exercício de controle dos titulares sobre seus dados pessoais, que deverão levar em consideração as especificidades das atividades e o porte dos responsáveis;

IX – promover ações de cooperação com autoridades de proteção de dados pessoais de outros países, de natureza internacional ou transnacional;

X – dispor sobre as formas de publicidade das operações de tratamento de dados pessoais, observado o respeito aos segredos comercial e industrial;

XI – solicitar, a qualquer momento, às entidades do Poder Público que realizem operações de tratamento de dados pessoais, informe específico sobre o âmbito e a natureza dos dados e os demais detalhes do tratamento realizado, podendo emitir parecer técnico complementar para garantir o cumprimento desta Lei;

XII – elaborar relatórios de gestão anuais acerca de suas atividades;

XIII – editar regulamentos e procedimentos sobre proteção de dados pessoais e privacidade, assim como sobre relatórios de impacto à proteção de dados pessoais para os casos em que o tratamento representar alto risco para a garantia dos princípios gerais de proteção de dados pessoais previstos nesta Lei;

XIV – ouvir os agentes de tratamento e a sociedade em matérias de interesse relevante, assim como prestar contas sobre suas atividades e planejamento;

XV – arrecadar e aplicar suas receitas e publicar, no relatório de gestão a que se refere o inciso XII do *caput* deste artigo, o detalhamento de suas receitas e despesas; e

XVI – realizar ou determinar a realização de auditorias, no âmbito da atividade de fiscalização, sobre o tratamento de dados pessoais efetuado pelos agentes de tratamento, incluindo o Poder Público.

§ 1º Ao impor condicionamentos administrativos ao tratamento de dados pessoais por agente de tratamento privado, sejam eles limites, encargos ou sujeições, a ANPD deve observar a exigência de mínima intervenção, assegurados os fundamentos, os princípios e os direitos dos titulares previstos no art. 170 da Constituição Federal e nesta Lei.

§ 2º Os regulamentos e normas editados pela ANPD devem necessariamente ser precedidos de consulta e audiência públicas, bem como de análises de impacto regulatório.

**Art. 57.** Constituem receitas da ANPD:

I – o produto da execução da sua dívida ativa;

II – as dotações consignadas no orçamento geral da União, os créditos especiais, os créditos adicionais, as transferências e os repasses que lhe forem conferidos;

III – as doações, os legados, as subvenções e outros recursos que lhe forem destinados;

IV – os valores apurados na venda ou aluguel de bens móveis e imóveis de sua propriedade;

V – os valores apurados em aplicações no mercado financeiro das receitas previstas neste artigo;

VI – o produto da cobrança de emolumentos por serviços prestados;

VII – os recursos provenientes de acordos, convênios ou contratos celebrados com entidades, organismos ou empresas, públicos ou privados, nacionais ou internacionais;

VIII – o produto da venda de publicações, material técnico, dados e informações, inclusive para fins de licitação pública."

"**Art. 58.** O Conselho Nacional de Proteção de Dados Pessoais e da Privacidade será composto por 23 (vinte e três) representantes titulares, e seus suplentes, dos seguintes órgãos:

I – 6 (seis) representantes do Poder Executivo federal;

II – 1 (um) representante indicado pelo Senado Federal;

III – 1 (um) representante indicado pela Câmara dos Deputados;

IV – 1 (um) representante indicado pelo Conselho Nacional de Justiça;

V – 1 (um) representante indicado pelo Conselho Nacional do Ministério Público;

VI – 1 (um) representante indicado pelo Comitê Gestor da Internet no Brasil;

VII – 4 (quatro) representantes da sociedade civil com atuação comprovada em proteção de dados pessoais;

VIII – 4 (quatro) representantes de instituição científica, tecnológica e de inovação; e

IX – 4 (quatro) representantes de entidade representativa do setor empresarial afeto à área de tratamento de dados pessoais.

§ 1º Os representantes serão designados por ato do Presidente da República, permitida a delegação, e terão mandato de 2 (dois) anos, permitida 1 (uma) recondução.

§ 2º A participação no Conselho Nacional de Proteção de Dados Pessoais e da Privacidade será considerada atividade de relevante interesse público, não remunerada.

§ 3º Os representantes referidos nos incisos I a VI do *caput* deste artigo e seus suplentes serão indicados pelos titulares dos respectivos órgãos e entidades.

§ 4º Os representantes referidos nos incisos VII, VIII e IX do *caput* deste artigo e seus suplentes serão indicados na forma de regulamento e não poderão ser membros da entidade mencionada no inciso VI do *caput* deste artigo.

**Art. 59.** Compete ao Conselho Nacional de Proteção de Dados Pessoais e da Privacidade:

I – propor diretrizes estratégicas e fornecer subsídios para a elaboração da Política Nacional de Proteção de Dados Pessoais e da Privacidade e para a atuação da ANPD;

II – elaborar relatórios anuais de avaliação da execução das ações da Política Nacional de Proteção de Dados Pessoais e da Privacidade;

III – sugerir ações a serem realizadas pela ANPD;

IV – realizar estudos e debates sobre a proteção de dados pessoais e da privacidade; e

V – disseminar o conhecimento sobre proteção de dados pessoais e da privacidade à população em geral."

**Razão dos vetos**

"Os dispositivos incorrem em inconstitucionalidade do processo legislativo, por afronta ao artigo 61, § 1º, II, 'e', cumulado com o artigo 37, XIX da Constituição."

Essas, Senhor Presidente, as razões que me levaram a vetar os dispositivos acima mencionados do projeto em causa, as quais ora submeto à elevada apreciação dos Senhores Membros do Congresso Nacional.

Este texto não substitui o publicado no DOU de 15.8.2018

## 2. RAZÕES DE VETO À LEI Nº 13.853/2019

### MENSAGEM Nº 288, DE 8 DE JULHO DE 2019.

Senhor Presidente do Senado Federal,

Comunico a Vossa Excelência que, nos termos do § 1º do art. 66 da Constituição, decidi vetar parcialmente, por contrariedade ao interesse público e inconstitucionalidade, o Projeto de Lei de Conversão nº 7, de 2019 (MP nº 869/2018), que "Altera a Lei nº 13.709, de 14 de agosto de 2018, para dispor sobre a proteção de dados pessoais e para criar a Autoridade Nacional de Proteção de Dados; e dá outras providências".

Ouvidos, os Ministérios da Economia, da Ciência, Tecnologia, Inovações e Comunicações, a Controladoria-Geral da União e o Banco Central do Brasil manifestaram-se pelo veto ao seguinte dispositivo:

**§ 3º do art. 20 da Lei nº 13.709, de 14 de agosto de 2018, alterado pelo art. 2º do projeto de lei de conversão**

"§ 3º A revisão de que trata o *caput* deste artigo deverá ser realizada por pessoa natural, conforme previsto em regulamentação da autoridade nacional, que levará em consideração a natureza e o porte da entidade ou o volume de operações de tratamento de dados."

**Razões do veto**

"A propositura legislativa, ao dispor que toda e qualquer decisão baseada unicamente no tratamento automatizado seja suscetível de revisão humana, contraria o interesse público, tendo em vista que tal exigência inviabilizará os modelos atuais de planos de negócios de muitas empresas, notadamente das startups, bem como impacta na análise de risco de crédito e de novos modelos de negócios de instituições financeiras, gerando efeito negativo na oferta de crédito aos consumidores, tanto no que diz respeito à qualidade das garantias, ao volume de crédito contratado e à composição de preços, com reflexos, ainda, nos índices de inflação e na condução da política monetária."

Já o Ministério da Ciência, Tecnologia, Inovações e Comunicações e a Controladoria-Geral da União manifestaram-se pelo veto ao seguinte dispositivo:

**Inciso IV do art. 23 da Lei nº 13.709, de 14 de agosto de 2018, alterado pelo art. 2º do projeto de lei de conversão**

"IV – sejam protegidos e preservados dados pessoais de requerentes de acesso à informação, no âmbito da Lei nº 12.527, de 18 de novembro de 2011, vedado seu compartilhamento na esfera do poder público e com pessoas jurídicas de direito privado."

**Razões do veto**

"A propositura legislativa, ao vedar o compartilhamento de dados pessoas no âmbito do Poder Público e com pessoas jurídicas de direto privado, gera insegurança jurídica, tendo em vista que o compartilhamento de informações relacionadas à pessoa natural identificada ou identificável, que não deve ser confundido com a quebra do sigilo ou com o acesso público, é medida recorrente e essencial para o regular exercício de diversas atividades e políticas públicas. Sob este prisma, e a título de exemplos, tem-se o caso do banco de dados da Previdência Social e do Cadastro Nacional de Informações Sociais, cujas informações são utilizadas para o reconhecimento do direito de seus beneficiários e alimentados a partir do compartilhamento de diversas bases de dados administrados por outros órgãos públicos, bem como algumas atividades afetas ao poder de polícia administrativa que poderiam ser inviabilizadas no âmbito do Sistema Financeiro Nacional."

O Ministério da Economia e a Controladoria-Geral da União, solicitaram ainda, veto ao dispositivo a seguir transcrito:

**§ 4º do art. 41 da Lei nº 13.709, de 14 de agosto de 2018, alterado pelo art. 2º do projeto de lei de conversão**

"§ 4º Com relação ao encarregado, o qual deverá ser detentor de conhecimento jurídico-regulatório e ser apto a prestar serviços especializados em proteção de dados, além do disposto neste artigo, a autoridade regulamentará:

I – os casos em que o operador deverá indicar encarregado;

II – a indicação de um único encarregado, desde que facilitado o seu acesso, por empresas ou entidades de um mesmo grupo econômico;

III – a garantia da autonomia técnica e profissional no exercício do cargo."

**Razão do veto**

"A propositura legislativa, ao dispor que o encarregado seja detentor de conhecimento jurídico regulatório, contraria o interesse público, na medida em que se constitui em uma exigência com rigor excessivo que se reflete na interferência desnecessária por parte do Estado na discricionariedade para a seleção dos quadros do setor produtivo, bem como ofende direito fundamental, previsto no art. 5º, XIII da Constituição da República, por restringir o livre exercício profissional a ponto de atingir seu núcleo essencial."

**Inciso V do art. 55-L da Lei nº 13.709, de 14 de agosto de 2018, inserido pelo art. 2º do projeto de lei de conversão**

"V – o produto da cobrança de emolumentos por serviços prestados;"

**Razões do veto**

"Ante a natureza jurídica transitória de Administração Direta da Autoridade Nacional de Proteção de Dados (ANPD), não é cabível a cobrança de emolumentos por serviços prestados para constituição de sua receita, de forma que a Autoridade deve arcar, com recursos próprios consignados no Orçamento Geral da União, com os custos inerentes à execução de suas atividades fins, sem a cobrança de taxas para o desempenho de suas competências, até sua transformação em autarquia."

Já os Ministérios da Economia, da Saúde, a Controladoria-Geral da União e o Banco Central do Brasil manifestaram-se pelo veto aos seguintes dispositivos:

**Incisos X, XI e XII, §§ 3º e 6º do art. 52 da Lei nº 13.709, de 14 de agosto de 2018, alterados pelo art. 2º do projeto de lei de conversão**

"X – suspensão parcial do funcionamento do banco de dados a que se refere a infração pelo período máximo de 6 (seis) meses, prorrogável por igual período, até a regularização da atividade de tratamento pelo controlador;

XI – suspensão do exercício da atividade de tratamento dos dados pessoais a que se refere a infração pelo período máximo de 6 (seis) meses, prorrogável por igual período;

XII – proibição parcial ou total do exercício de atividades relacionadas a tratamento de dados."

"§ 3º O disposto nos incisos I, IV, V, VI, X, XI e XII do *caput* deste artigo poderá ser aplicado às entidades e aos órgãos públicos, sem prejuízo do disposto na Lei nº 8.112, de 11 de dezembro de 1990, na Lei nº 8.429, de 2 de junho de 1992, e na Lei nº 12.527, de 18 de novembro de 2011."

"§ 6º As sanções previstas nos incisos X, XI e XII do *caput* deste artigo serão aplicadas:

I – somente após já ter sido imposta ao menos 1 (uma) das sanções de que tratam os incisos II, III, IV, V e VI do *caput* deste artigo para o mesmo caso concreto; e

II – em caso de controladores submetidos a outros órgãos e entidades com competências sancionatórias, ouvidos esses órgãos."

**Razões dos vetos**

"A propositura legislativa, ao prever as sanções administrativas de suspensão ou proibição do funcionamento/exercício da atividade relacionada ao tratamento de dados, gera insegurança aos responsáveis por essas informações, bem como impossibilita a utilização e tratamento de bancos de dados essenciais a diversas atividades privadas, a exemplo das aproveitadas pelas instituições financeiras, podendo acarretar prejuízo à estabilidade do sistema financeiro nacional, bem como a entes públicos, com potencial de afetar a continuidade de serviços públicos."

Essas, Senhor Presidente, as razões que me levaram a vetar os dispositivos acima mencionados do projeto em causa, as quais ora submeto à elevada apreciação dos Senhores Membros do Congresso Nacional.

Este texto não substitui o publicado no DOU de 9.7.2019

## 3. MARCO CIVIL DA INTERNET

**LEI Nº 12.965, DE 23 DE ABRIL DE 2014.**

Estabelece princípios, garantias, direitos e deveres para o uso da Internet no Brasil.

A PRESIDENTA DA REPÚBLICA

Faço saber que o Congresso Nacional decreta e eu sanciono a seguinte Lei:

### CAPÍTULO I
### DISPOSIÇÕES PRELIMINARES

**Art. 1º** Esta Lei estabelece princípios, garantias, direitos e deveres para o uso da internet no Brasil e determina as diretrizes para atuação da União, dos Estados, do Distrito Federal e dos Municípios em relação à matéria.

**Art. 2º** A disciplina do uso da internet no Brasil tem como fundamento o respeito à liberdade de expressão, bem como:

I – o reconhecimento da escala mundial da rede;

II – os direitos humanos, o desenvolvimento da personalidade e o exercício da cidadania em meios digitais;

III – a pluralidade e a diversidade;

IV – a abertura e a colaboração;

V – a livre-iniciativa, a livre concorrência e a defesa do consumidor; e

VI – a finalidade social da rede.

**Art. 3º** A disciplina do uso da internet no Brasil tem os seguintes princípios:

I – garantia da liberdade de expressão, comunicação e manifestação de pensamento, nos termos da Constituição Federal;

II – proteção da privacidade;

III – proteção dos dados pessoais, na forma da lei;

IV – preservação e garantia da neutralidade de rede;

V – preservação da estabilidade, segurança e funcionalidade da rede, por meio de medidas técnicas compatíveis com os padrões internacionais e pelo estímulo ao uso de boas práticas;

VI – responsabilização dos agentes de acordo com suas atividades, nos termos da lei;

VII – preservação da natureza participativa da rede;

VIII – liberdade dos modelos de negócios promovidos na internet, desde que não conflitem com os demais princípios estabelecidos nesta Lei.

Parágrafo único. Os princípios expressos nesta Lei não excluem outros previstos no ordenamento jurídico pátrio relacionados à matéria ou nos tratados internacionais em que a República Federativa do Brasil seja parte.

**Art. 4º** A disciplina do uso da internet no Brasil tem por objetivo a promoção:

I – do direito de acesso à internet a todos;

II – do acesso à informação, ao conhecimento e à participação na vida cultural e na condução dos assuntos públicos;

III – da inovação e do fomento à ampla difusão de novas tecnologias e modelos de uso e acesso; e

IV – da adesão a padrões tecnológicos abertos que permitam a comunicação, a acessibilidade e a interoperabilidade entre aplicações e bases de dados.

**Art. 5º** Para os efeitos desta Lei, considera-se:

I – internet: o sistema constituído do conjunto de protocolos lógicos, estruturado em escala mundial para uso público e irrestrito, com a finalidade de possibilitar a comunicação de dados entre terminais por meio de diferentes redes;

II – terminal: o computador ou qualquer dispositivo que se conecte à internet;

III – endereço de protocolo de internet (endereço IP): o código atribuído a um terminal de uma rede para permitir sua identificação, definido segundo parâmetros internacionais;

IV – administrador de sistema autônomo: a pessoa física ou jurídica que administra blocos de endereço IP específicos e o respectivo sistema autônomo de roteamento, devidamente cadastrada no ente nacional responsável pelo registro e distribuição de endereços IP geograficamente referentes ao País;

V – conexão à internet: a habilitação de um terminal para envio e recebimento de pacotes de dados pela internet, mediante a atribuição ou autenticação de um endereço IP;

VI – registro de conexão: o conjunto de informações referentes à data e hora de início e término de uma conexão à internet, sua duração e o endereço IP utilizado pelo terminal para o envio e recebimento de pacotes de dados;

VII – aplicações de internet: o conjunto de funcionalidades que podem ser acessadas por meio de um terminal conectado à internet; e

VIII – registros de acesso a aplicações de internet: o conjunto de informações referentes à data e hora de uso de uma determinada aplicação de internet a partir de um determinado endereço IP.

**Art. 6º** Na interpretação desta Lei serão levados em conta, além dos fundamentos, princípios e objetivos previstos, a natureza da internet, seus usos e costumes particulares e sua importância para a promoção do desenvolvimento humano, econômico, social e cultural.

## CAPÍTULO II
## DOS DIREITOS E GARANTIAS DOS USUÁRIOS

**Art. 7º** O acesso à internet é essencial ao exercício da cidadania, e ao usuário são assegurados os seguintes direitos:

I – inviolabilidade da intimidade e da vida privada, sua proteção e indenização pelo dano material ou moral decorrente de sua violação;

II – inviolabilidade e sigilo do fluxo de suas comunicações pela internet, salvo por ordem judicial, na forma da lei;

III – inviolabilidade e sigilo de suas comunicações privadas armazenadas, salvo por ordem judicial;

IV – não suspensão da conexão à internet, salvo por débito diretamente decorrente de sua utilização;

V – manutenção da qualidade contratada da conexão à internet;

VI – informações claras e completas constantes dos contratos de prestação de serviços, com detalhamento sobre o regime de proteção aos registros de conexão e aos registros de acesso a aplicações de internet, bem como sobre práticas de gerenciamento da rede que possam afetar sua qualidade;

VII – não fornecimento a terceiros de seus dados pessoais, inclusive registros de conexão, e de acesso a aplicações de internet, salvo mediante consentimento livre, expresso e informado ou nas hipóteses previstas em lei;

VIII – informações claras e completas sobre coleta, uso, armazenamento, tratamento e proteção de seus dados pessoais, que somente poderão ser utilizados para finalidades que:

a) justifiquem sua coleta;

b) não sejam vedadas pela legislação; e

c) estejam especificadas nos contratos de prestação de serviços ou em termos de uso de aplicações de internet;

IX – consentimento expresso sobre coleta, uso, armazenamento e tratamento de dados pessoais, que deverá ocorrer de forma destacada das demais cláusulas contratuais;

X – exclusão definitiva dos dados pessoais que tiver fornecido a determinada aplicação de internet, a seu requerimento, ao término da relação entre as partes, ressalvadas as hipóteses de guarda obrigatória de registros previstas nesta Lei;

XI – publicidade e clareza de eventuais políticas de uso dos provedores de conexão à internet e de aplicações de internet;

XII – acessibilidade, consideradas as características físico-motoras, perceptivas, sensoriais, intelectuais e mentais do usuário, nos termos da lei; e

XIII – aplicação das normas de proteção e defesa do consumidor nas relações de consumo realizadas na internet.

**Art. 8º** A garantia do direito à privacidade e à liberdade de expressão nas comunicações é condição para o pleno exercício do direito de acesso à internet.

Parágrafo único. São nulas de pleno direito as cláusulas contratuais que violem o disposto no *caput*, tais como aquelas que:

I – impliquem ofensa à inviolabilidade e ao sigilo das comunicações privadas, pela internet; ou

II – em contrato de adesão, não ofereçam como alternativa ao contratante a adoção do foro brasileiro para solução de controvérsias decorrentes de serviços prestados no Brasil.

## CAPÍTULO III
## DA PROVISÃO DE CONEXÃO E DE APLICAÇÕES DE INTERNET

### Seção I
### Da Neutralidade de Rede

**Art. 9º** O responsável pela transmissão, comutação ou roteamento tem o dever de tratar de forma isonômica quaisquer pacotes de dados, sem distinção por conteúdo, origem e destino, serviço, terminal ou aplicação.

§ 1º A discriminação ou degradação do tráfego será regulamentada nos termos das atribuições privativas do Presidente da República previstas no inciso IV do art. 84 da Constituição Federal, para a fiel execução desta Lei, ouvidos o Comitê Gestor da Internet e a Agência Nacional de Telecomunicações, e somente poderá decorrer de:

I – requisitos técnicos indispensáveis à prestação adequada dos serviços e aplicações; e

II – priorização de serviços de emergência.

§ 2º Na hipótese de discriminação ou degradação do tráfego prevista no § 1º, o responsável mencionado no *caput* deve:

I – abster-se de causar dano aos usuários, na forma do art. 927 da Lei nº 10.406, de 10 de janeiro de 2002 – Código Civil;

II – agir com proporcionalidade, transparência e isonomia;

III – informar previamente de modo transparente, claro e suficientemente descritivo aos seus usuários sobre as práticas de gerenciamento e mitigação de tráfego adotadas, inclusive as relacionadas à segurança da rede; e

IV – oferecer serviços em condições comerciais não discriminatórias e abster-se de praticar condutas anticoncorrenciais.

§ 3º Na provisão de conexão à internet, onerosa ou gratuita, bem como na transmissão, comutação ou roteamento, é vedado bloquear, monitorar, filtrar ou analisar o conteúdo dos pacotes de dados, respeitado o disposto neste artigo.

### Seção II
### Da Proteção aos Registros, aos Dados Pessoais e às Comunicações Privadas

**Art. 10.** A guarda e a disponibilização dos registros de conexão e de acesso a aplicações de internet de que trata esta Lei, bem como de dados pessoais e do conteúdo de comunicações privadas, devem atender à preservação da intimidade, da vida privada, da honra e da imagem das partes direta ou indiretamente envolvidas.

§ 1º O provedor responsável pela guarda somente será obrigado a disponibilizar os registros mencionados no *caput*, de forma autônoma ou associados a dados pessoais ou a outras informações que possam contribuir para a identificação do usuário ou do terminal, mediante ordem judicial, na forma do disposto na Seção IV deste Capítulo, respeitado o disposto no art. 7º.

§ 2º O conteúdo das comunicações privadas somente poderá ser disponibilizado mediante ordem judicial, nas hipóteses e na forma que a lei estabelecer, respeitado o disposto nos incisos II e III do art. 7º.

§ 3º O disposto no *caput* não impede o acesso aos dados cadastrais que informem qualificação pessoal, filiação e endereço, na forma da lei, pelas autoridades administrativas que detenham competência legal para a sua requisição.

§ 4º As medidas e os procedimentos de segurança e de sigilo devem ser informados pelo responsável pela provisão de serviços de forma clara e atender a padrões definidos em regulamento, respeitado seu direito de confidencialidade quanto a segredos empresariais.

**Art. 11.** Em qualquer operação de coleta, armazenamento, guarda e tratamento de registros, de dados pessoais ou de comunicações por provedores de conexão e de aplicações de internet em que pelo menos um desses atos ocorra em território nacional, deverão ser obrigatoriamente respeitados a legislação brasileira e os direitos à privacidade, à proteção dos dados pessoais e ao sigilo das comunicações privadas e dos registros.

§ 1º O disposto no *caput* aplica-se aos dados coletados em território nacional e ao conteúdo das comunicações, desde que pelo menos um dos terminais esteja localizado no Brasil.

§ 2º O disposto no *caput* aplica-se mesmo que as atividades sejam realizadas por pessoa jurídica sediada no exterior, desde que oferte serviço ao público brasileiro ou pelo menos uma integrante do mesmo grupo econômico possua estabelecimento no Brasil.

§ 3º Os provedores de conexão e de aplicações de internet deverão prestar, na forma da regulamentação, informações que permitam a verificação quanto ao cumprimento da legislação brasileira referente à coleta, à guarda, ao armazenamento ou ao tratamento de dados, bem como quanto ao respeito à privacidade e ao sigilo de comunicações.

§ 4º Decreto regulamentará o procedimento para apuração de infrações ao disposto neste artigo.

**Art. 12.** Sem prejuízo das demais sanções cíveis, criminais ou administrativas, as infrações às normas previstas nos arts. 10 e 11 ficam sujeitas, conforme o caso, às seguintes sanções, aplicadas de forma isolada ou cumulativa:

I – advertência, com indicação de prazo para adoção de medidas corretivas;

II – multa de até 10% (dez por cento) do faturamento do grupo econômico no Brasil no seu último exercício, excluídos os tributos, considerados a condição econômica do infrator e o princípio da proporcionalidade entre a gravidade da falta e a intensidade da sanção;

III – suspensão temporária das atividades que envolvam os atos previstos no art. 11; ou

IV – proibição de exercício das atividades que envolvam os atos previstos no art. 11.

Parágrafo único. Tratando-se de empresa estrangeira, responde solidariamente pelo pagamento da multa de que trata o *caput* sua filial, sucursal, escritório ou estabelecimento situado no País.

**Subseção I**
**Da Guarda de Registros de Conexão**

**Art. 13.** Na provisão de conexão à internet, cabe ao administrador de sistema autônomo respectivo o dever de manter os registros de conexão, sob sigilo, em ambiente controlado e de segurança, pelo prazo de 1 (um) ano, nos termos do regulamento.

§ 1º A responsabilidade pela manutenção dos registros de conexão não poderá ser transferida a terceiros.

§ 2º A autoridade policial ou administrativa ou o Ministério Público poderá requerer cautelarmente que os registros de conexão sejam guardados por prazo superior ao previsto no *caput*.

§ 3º Na hipótese do § 2º, a autoridade requerente terá o prazo de 60 (sessenta) dias, contados a partir do requerimento, para ingressar com o pedido de autorização judicial de acesso aos registros previstos no *caput*.

§ 4º O provedor responsável pela guarda dos registros deverá manter sigilo em relação ao requerimento previsto no § 2º, que perderá sua eficácia caso o pedido de autorização judicial seja indeferido ou não tenha sido protocolado no prazo previsto no § 3º.

§ 5º Em qualquer hipótese, a disponibilização ao requerente dos registros de que trata este artigo deverá ser precedida de autorização judicial, conforme disposto na Seção IV deste Capítulo.

§ 6º Na aplicação de sanções pelo descumprimento ao disposto neste artigo, serão considerados a natureza e a gravidade da infração, os danos dela resultantes, eventual vantagem auferida pelo infrator, as circunstâncias agravantes, os antecedentes do infrator e a reincidência.

### Subseção II
### Da Guarda de Registros de Acesso a Aplicações de Internet na Provisão de Conexão

**Art. 14.** Na provisão de conexão, onerosa ou gratuita, é vedado guardar os registros de acesso a aplicações de internet.

### Subseção III
### Da Guarda de Registros de Acesso a Aplicações de Internet na Provisão de Aplicações

**Art. 15.** O provedor de aplicações de internet constituído na forma de pessoa jurídica e que exerça essa atividade de forma organizada, profissionalmente e com fins econômicos deverá manter os respectivos registros de acesso a aplicações de internet, sob sigilo, em ambiente controlado e de segurança, pelo prazo de 6 (seis) meses, nos termos do regulamento.

§ 1º Ordem judicial poderá obrigar, por tempo certo, os provedores de aplicações de internet que não estão sujeitos ao disposto no *caput* a guardarem registros de acesso a aplicações de internet, desde que se trate de registros relativos a fatos específicos em período determinado.

§ 2º A autoridade policial ou administrativa ou o Ministério Público poderão requerer cautelarmente a qualquer provedor de aplicações de internet que os registros de acesso a aplicações de internet sejam guardados, inclusive por prazo superior ao previsto no *caput*, observado o disposto nos §§ 3º e 4º do art. 13.

§ 3º Em qualquer hipótese, a disponibilização ao requerente dos registros de que trata este artigo deverá ser precedida de autorização judicial, conforme disposto na Seção IV deste Capítulo.

§ 4º Na aplicação de sanções pelo descumprimento ao disposto neste artigo, serão considerados a natureza e a gravidade da infração, os danos dela resultantes, eventual vantagem auferida pelo infrator, as circunstâncias agravantes, os antecedentes do infrator e a reincidência.

**Art. 16.** Na provisão de aplicações de internet, onerosa ou gratuita, é vedada a guarda:

I – dos registros de acesso a outras aplicações de internet sem que o titular dos dados tenha consentido previamente, respeitado o disposto no art. 7º; ou

II – de dados pessoais que sejam excessivos em relação à finalidade para a qual foi dado consentimento pelo seu titular.

**Art. 17.** Ressalvadas as hipóteses previstas nesta Lei, a opção por não guardar os registros de acesso a aplicações de internet não implica responsabilidade sobre danos decorrentes do uso desses serviços por terceiros.

### Seção III
### Da Responsabilidade por Danos Decorrentes de Conteúdo Gerado por Terceiros

**Art. 18.** O provedor de conexão à internet não será responsabilizado civilmente por danos decorrentes de conteúdo gerado por terceiros.

**Art. 19.** Com o intuito de assegurar a liberdade de expressão e impedir a censura, o provedor de aplicações de internet somente poderá ser responsabilizado civilmente por danos decorrentes de conteúdo gerado por terceiros se, após ordem judicial específica, não tomar as providências para, no âmbito e nos limites técnicos do seu serviço e dentro do prazo assinalado, tornar indisponível o conteúdo apontado como infringente, ressalvadas as disposições legais em contrário.

§ 1º A ordem judicial de que trata o *caput* deverá conter, sob pena de nulidade, identificação clara e específica do conteúdo apontado como infringente, que permita a localização inequívoca do material.

§ 2º A aplicação do disposto neste artigo para infrações a direitos de autor ou a direitos conexos depende de previsão legal específica, que deverá respeitar a liberdade de expressão e demais garantias previstas no art. 5º da Constituição Federal.

§ 3º As causas que versem sobre ressarcimento por danos decorrentes de conteúdos disponibilizados na internet relacionados à honra, à reputação ou a direitos de personalidade, bem como sobre a indisponibilização desses conteúdos por provedores de aplicações de internet, poderão ser apresentadas perante os juizados especiais.

§ 4º O juiz, inclusive no procedimento previsto no § 3º, poderá antecipar, total ou parcialmente, os efeitos da tutela pretendida no pedido inicial, existindo prova inequívoca do fato e considerado o interesse da coletividade na disponibilização do conteúdo na internet, desde que presentes os requisitos de verossimilhança da alegação do autor e de fundado receio de dano irreparável ou de difícil reparação.

**Art. 20.** Sempre que tiver informações de contato do usuário diretamente responsável pelo conteúdo a que se refere o art. 19, caberá ao provedor de aplicações de internet comunicar-lhe os motivos e informações relativos à indisponibilização de conteúdo, com informações que permitam o contraditório e a ampla defesa em juízo, salvo expressa previsão legal ou expressa determinação judicial fundamentada em contrário.

Parágrafo único. Quando solicitado pelo usuário que disponibilizou o conteúdo tornado indisponível, o provedor de aplicações de internet que exerce essa atividade de forma organizada, profissionalmente e com fins econômicos substituirá o conteúdo tornado indisponível pela motivação ou pela ordem judicial que deu fundamento à indisponibilização.

**Art. 21.** O provedor de aplicações de internet que disponibilize conteúdo gerado por terceiros será responsabilizado subsidiariamente pela violação da intimidade decorrente da divulgação, sem autorização de seus participantes, de imagens, de vídeos ou de outros materiais contendo cenas de nudez ou de atos sexuais de caráter privado quando, após o recebimento de notificação pelo participante ou seu representante legal, deixar de promover, de forma diligente, no âmbito e nos limites técnicos do seu serviço, a indisponibilização desse conteúdo.

Parágrafo único. A notificação prevista no *caput* deverá conter, sob pena de nulidade, elementos que permitam a identificação específica do material apontado como violador da intimidade do participante e a verificação da legitimidade para apresentação do pedido.

### Seção IV
### Da Requisição Judicial de Registros

**Art. 22.** A parte interessada poderá, com o propósito de formar conjunto probatório em processo judicial cível ou penal, em caráter incidental ou autônomo, requerer ao juiz que ordene ao responsável pela guarda o fornecimento de registros de conexão ou de registros de acesso a aplicações de internet.

Parágrafo único. Sem prejuízo dos demais requisitos legais, o requerimento deverá conter, sob pena de inadmissibilidade:

I - fundados indícios da ocorrência do ilícito;

II - justificativa motivada da utilidade dos registros solicitados para fins de investigação ou instrução probatória; e

III - período ao qual se referem os registros.

**Art. 23.** Cabe ao juiz tomar as providências necessárias à garantia do sigilo das informações recebidas e à preservação da intimidade, da vida privada, da honra e da imagem do usuário, podendo determinar segredo de justiça, inclusive quanto aos pedidos de guarda de registro.

## CAPÍTULO IV
## DA ATUAÇÃO DO PODER PÚBLICO

**Art. 24.** Constituem diretrizes para a atuação da União, dos Estados, do Distrito Federal e dos Municípios no desenvolvimento da internet no Brasil:

I - estabelecimento de mecanismos de governança multiparticipativa, transparente, colaborativa e democrática, com a participação do governo, do setor empresarial, da sociedade civil e da comunidade acadêmica;

II - promoção da racionalização da gestão, expansão e uso da internet, com participação do Comitê Gestor da internet no Brasil;

III - promoção da racionalização e da interoperabilidade tecnológica dos serviços de governo eletrônico, entre os diferentes Poderes e âmbitos da Federação, para permitir o intercâmbio de informações e a celeridade de procedimentos;

IV - promoção da interoperabilidade entre sistemas e terminais diversos, inclusive entre os diferentes âmbitos federativos e diversos setores da sociedade;

V - adoção preferencial de tecnologias, padrões e formatos abertos e livres;

VI - publicidade e disseminação de dados e informações públicos, de forma aberta e estruturada;

VII - otimização da infraestrutura das redes e estímulo à implantação de centros de armazenamento, gerenciamento e disseminação de dados no País, promovendo a qualidade técnica, a inovação e a difusão das aplicações de internet, sem prejuízo à abertura, à neutralidade e à natureza participativa;

VIII - desenvolvimento de ações e programas de capacitação para uso da internet;

IX - promoção da cultura e da cidadania; e

X - prestação de serviços públicos de atendimento ao cidadão de forma integrada, eficiente, simplificada e por múltiplos canais de acesso, inclusive remotos.

**Art. 25.** As aplicações de internet de entes do poder público devem buscar:

I – compatibilidade dos serviços de governo eletrônico com diversos terminais, sistemas operacionais e aplicativos para seu acesso;

II – acessibilidade a todos os interessados, independentemente de suas capacidades físico-motoras, perceptivas, sensoriais, intelectuais, mentais, culturais e sociais, resguardados os aspectos de sigilo e restrições administrativas e legais;

III – compatibilidade tanto com a leitura humana quanto com o tratamento automatizado das informações;

IV – facilidade de uso dos serviços de governo eletrônico; e

V – fortalecimento da participação social nas políticas públicas.

**Art. 26.** O cumprimento do dever constitucional do Estado na prestação da educação, em todos os níveis de ensino, inclui a capacitação, integrada a outras práticas educacionais, para o uso seguro, consciente e responsável da internet como ferramenta para o exercício da cidadania, a promoção da cultura e o desenvolvimento tecnológico.

**Art. 27.** As iniciativas públicas de fomento à cultura digital e de promoção da internet como ferramenta social devem:

I – promover a inclusão digital;

II – buscar reduzir as desigualdades, sobretudo entre as diferentes regiões do País, no acesso às tecnologias da informação e comunicação e no seu uso; e

III – fomentar a produção e circulação de conteúdo nacional.

**Art. 28.** O Estado deve, periodicamente, formular e fomentar estudos, bem como fixar metas, estratégias, planos e cronogramas, referentes ao uso e desenvolvimento da internet no País.

## CAPÍTULO V
## DISPOSIÇÕES FINAIS

**Art. 29.** O usuário terá a opção de livre escolha na utilização de programa de computador em seu terminal para exercício do controle parental de conteúdo entendido por ele como impróprio a seus filhos menores, desde que respeitados os princípios desta Lei e da Lei nº 8.069, de 13 de julho de 1990 – Estatuto da Criança e do Adolescente.

Parágrafo único. Cabe ao poder público, em conjunto com os provedores de conexão e de aplicações de internet e a sociedade civil, promover a educação e fornecer informações sobre o uso dos programas de computador previstos no *caput*, bem como para a definição de boas práticas para a inclusão digital de crianças e adolescentes.

**Art. 30.** A defesa dos interesses e dos direitos estabelecidos nesta Lei poderá ser exercida em juízo, individual ou coletivamente, na forma da lei.

**Art. 31.** Até a entrada em vigor da lei específica prevista no § 2º do art. 19, a responsabilidade do provedor de aplicações de internet por danos decorrentes de conteúdo gerado por terceiros, quando se tratar de infração a direitos de autor ou a direitos conexos, continuará a ser disciplinada pela legislação autoral vigente aplicável na data da entrada em vigor desta Lei.

**Art. 32.** Esta Lei entra em vigor após decorridos 60 (sessenta) dias de sua publicação oficial.

Brasília, 23 de abril de 2014; 193º
da Independência e 126º da República.

DILMA ROUSSEFF
*José Eduardo Cardozo*
*Miriam Belchior*
*Paulo Bernardo Silva*
*Clélio Campolina Diniz*

Este texto não substitui o publicado no DOU de 24.4.2014

## 4. LEI DE ACESSO À INFORMAÇÃO

**LEI Nº 12.527, DE 18 DE NOVEMBRO DE 2011.**

**Regula o acesso a informações previsto no inciso XXXIII do art. 5º**, no inciso II do § 3º do art. 37 e no § 2º do art. 216 da Constituição Federal; altera a Lei nº 8.112, de 11 de dezembro de 1990; revoga a Lei nº 11.111, de 5 de maio de 2005, e dispositivos da Lei nº 8.159, de 8 de janeiro de 1991; e dá outras providências.

A PRESIDENTA DA REPÚBLICA

Faço saber que o Congresso Nacional decreta e eu sanciono a seguinte Lei:

### CAPÍTULO I
### DISPOSIÇÕES GERAIS

**Art. 1º** Esta Lei dispõe sobre os procedimentos a serem observados pela União, Estados, Distrito Federal e Municípios, com o fim de garantir o acesso a informações previsto no inciso XXXIII do art. 5º, no inciso II do § 3º do art. 37 e no § 2º do art. 216 da Constituição Federal.

Parágrafo único. Subordinam-se ao regime desta Lei:

I – os órgãos públicos integrantes da administração direta dos Poderes Executivo, Legislativo, incluindo as Cortes de Contas, e Judiciário e do Ministério Público;

II – as autarquias, as fundações públicas, as empresas públicas, as sociedades de economia mista e demais entidades controladas direta ou indiretamente pela União, Estados, Distrito Federal e Municípios.

**Art. 2º** Aplicam-se as disposições desta Lei, no que couber, às entidades privadas sem fins lucrativos que recebam, para realização de ações de interesse público, recursos públicos diretamente do orçamento ou mediante subvenções sociais, contrato de gestão, termo de parceria, convênios, acordo, ajustes ou outros instrumentos congêneres.

Parágrafo único. A publicidade a que estão submetidas as entidades citadas no *caput* refere-se à parcela dos recursos públicos recebidos e à sua destinação, sem prejuízo das prestações de contas a que estejam legalmente obrigadas.

**Art. 3º** Os procedimentos previstos nesta Lei destinam-se a assegurar o direito fundamental de acesso à informação e devem ser executados em conformidade com os princípios básicos da administração pública e com as seguintes diretrizes:

I – observância da publicidade como preceito geral e do sigilo como exceção;

II – divulgação de informações de interesse público, independentemente de solicitações;

III – utilização de meios de comunicação viabilizados pela tecnologia da informação;

IV – fomento ao desenvolvimento da cultura de transparência na administração pública;

V – desenvolvimento do controle social da administração pública.

**Art. 4º** Para os efeitos desta Lei, considera-se:

I – informação: dados, processados ou não, que podem ser utilizados para produção e transmissão de conhecimento, contidos em qualquer meio, suporte ou formato;

II – documento: unidade de registro de informações, qualquer que seja o suporte ou formato;

III – informação sigilosa: aquela submetida temporariamente à restrição de acesso público em razão de sua imprescindibilidade para a segurança da sociedade e do Estado;

IV – informação pessoal: aquela relacionada à pessoa natural identificada ou identificável;

V – tratamento da informação: conjunto de ações referentes à produção, recepção, classificação, utilização, acesso, reprodução, transporte, transmissão, distribuição, arquivamento, armazenamento, eliminação, avaliação, destinação ou controle da informação;

VI – disponibilidade: qualidade da informação que pode ser conhecida e utilizada por indivíduos, equipamentos ou sistemas autorizados;

VII – autenticidade: qualidade da informação que tenha sido produzida, expedida, recebida ou modificada por determinado indivíduo, equipamento ou sistema;

VIII – integridade: qualidade da informação não modificada, inclusive quanto à origem, trânsito e destino;

IX – primariedade: qualidade da informação coletada na fonte, com o máximo de detalhamento possível, sem modificações.

**Art. 5º** É dever do Estado garantir o direito de acesso à informação, que será franqueada, mediante procedimentos objetivos e ágeis, de forma transparente, clara e em linguagem de fácil compreensão.

## CAPÍTULO II
## DO ACESSO A INFORMAÇÕES E DA SUA DIVULGAÇÃO

**Art. 6º** Cabe aos órgãos e entidades do poder público, observadas as normas e procedimentos específicos aplicáveis, assegurar a:

I – gestão transparente da informação, propiciando amplo acesso a ela e sua divulgação;

II – proteção da informação, garantindo-se sua disponibilidade, autenticidade e integridade; e

III – proteção da informação sigilosa e da informação pessoal, observada a sua disponibilidade, autenticidade, integridade e eventual restrição de acesso.

**Art. 7º** O acesso à informação de que trata esta Lei compreende, entre outros, os direitos de obter:

I – orientação sobre os procedimentos para a consecução de acesso, bem como sobre o local onde poderá ser encontrada ou obtida a informação almejada;

II – informação contida em registros ou documentos, produzidos ou acumulados por seus órgãos ou entidades, recolhidos ou não a arquivos públicos;

III – informação produzida ou custodiada por pessoa física ou entidade privada decorrente de qualquer vínculo com seus órgãos ou entidades, mesmo que esse vínculo já tenha cessado;

IV – informação primária, íntegra, autêntica e atualizada;

V – informação sobre atividades exercidas pelos órgãos e entidades, inclusive as relativas à sua política, organização e serviços;

VI – informação pertinente à administração do patrimônio público, utilização de recursos públicos, licitação, contratos administrativos; e

VII – informação relativa:

a) à implementação, acompanhamento e resultados dos programas, projetos e ações dos órgãos e entidades públicas, bem como metas e indicadores propostos;

b) ao resultado de inspeções, auditorias, prestações e tomadas de contas realizadas pelos órgãos de controle interno e externo, incluindo prestações de contas relativas a exercícios anteriores.

§ 1º O acesso à informação previsto no *caput* não compreende as informações referentes a projetos de pesquisa e desenvolvimento científicos ou tecnológicos cujo sigilo seja imprescindível à segurança da sociedade e do Estado.

§ 2º Quando não for autorizado acesso integral à informação por ser ela parcialmente sigilosa, é assegurado o acesso à parte não sigilosa por meio de certidão, extrato ou cópia com ocultação da parte sob sigilo.

§ 3º O direito de acesso aos documentos ou às informações neles contidas utilizados como fundamento da tomada de decisão e do ato administrativo será assegurado com a edição do ato decisório respectivo.

§ 4º A negativa de acesso às informações objeto de pedido formulado aos órgãos e entidades referidas no art. 1º, quando não fundamentada, sujeitará o responsável a medidas disciplinares, nos termos do art. 32 desta Lei.

§ 5º Informado do extravio da informação solicitada, poderá o interessado requerer à autoridade competente a imediata abertura de sindicância para apurar o desaparecimento da respectiva documentação.

§ 6º Verificada a hipótese prevista no § 5º deste artigo, o responsável pela guarda da informação extraviada deverá, no prazo de 10 (dez) dias, justificar o fato e indicar testemunhas que comprovem sua alegação.

**Art. 8º** É dever dos órgãos e entidades públicas promover, independentemente de requerimentos, a divulgação em local de fácil acesso, no âmbito de suas competências, de informações de interesse coletivo ou geral por eles produzidas ou custodiadas.

§ 1º Na divulgação das informações a que se refere o *caput*, deverão constar, no mínimo:

I – registro das competências e estrutura organizacional, endereços e telefones das respectivas unidades e horários de atendimento ao público;

II – registros de quaisquer repasses ou transferências de recursos financeiros;

III – registros das despesas;

IV – informações concernentes a procedimentos licitatórios, inclusive os respectivos editais e resultados, bem como a todos os contratos celebrados;

V – dados gerais para o acompanhamento de programas, ações, projetos e obras de órgãos e entidades; e

VI – respostas a perguntas mais frequentes da sociedade.

§ 2º Para cumprimento do disposto no *caput*, os órgãos e entidades públicas deverão utilizar todos os meios e instrumentos legítimos de que dispuserem, sendo obrigatória a divulgação em sítios oficiais da rede mundial de computadores (internet).

§ 3º Os sítios de que trata o § 2º deverão, na forma de regulamento, atender, entre outros, aos seguintes requisitos:

I – conter ferramenta de pesquisa de conteúdo que permita o acesso à informação de forma objetiva, transparente, clara e em linguagem de fácil compreensão;

II – possibilitar a gravação de relatórios em diversos formatos eletrônicos, inclusive abertos e não proprietários, tais como planilhas e texto, de modo a facilitar a análise das informações;

III – possibilitar o acesso automatizado por sistemas externos em formatos abertos, estruturados e legíveis por máquina;

IV – divulgar em detalhes os formatos utilizados para estruturação da informação;

V – garantir a autenticidade e a integridade das informações disponíveis para acesso;

VI – manter atualizadas as informações disponíveis para acesso;

VII – indicar local e instruções que permitam ao interessado comunicar-se, por via eletrônica ou telefônica, com o órgão ou entidade detentora do sítio; e

VIII – adotar as medidas necessárias para garantir a acessibilidade de conteúdo para pessoas com deficiência, nos termos do art. 17 da Lei nº 10.098, de 19 de dezembro de 2000, e do art. 9º da Convenção sobre os Direitos das Pessoas com Deficiência, aprovada pelo Decreto Legislativo nº 186, de 9 de julho de 2008.

§ 4º Os Municípios com população de até 10.000 (dez mil) habitantes ficam dispensados da divulgação obrigatória na internet a que se refere o § 2º, mantida a obrigatoriedade de divulgação, em tempo real, de informações relativas à execução orçamentária e financeira, nos critérios e prazos previstos no art. 73-B da Lei Complementar nº 101, de 4 de maio de 2000 (Lei de Responsabilidade Fiscal).

**Art. 9º** O acesso a informações públicas será assegurado mediante:

I – criação de serviço de informações ao cidadão, nos órgãos e entidades do poder público, em local com condições apropriadas para:

a) atender e orientar o público quanto ao acesso a informações;

b) informar sobre a tramitação de documentos nas suas respectivas unidades;

c) protocolizar documentos e requerimentos de acesso a informações; e

II – realização de audiências ou consultas públicas, incentivo à participação popular ou a outras formas de divulgação.

## CAPÍTULO III
## DO PROCEDIMENTO DE ACESSO À INFORMAÇÃO

### Seção I
### Do Pedido de Acesso

**Art. 10.** Qualquer interessado poderá apresentar pedido de acesso a informações aos órgãos e entidades referidos no art. 1º desta Lei, por qualquer meio legítimo, devendo o pedido conter a identificação do requerente e a especificação da informação requerida.

§ 1º Para o acesso a informações de interesse público, a identificação do requerente não pode conter exigências que inviabilizem a solicitação.

§ 2º Os órgãos e entidades do poder público devem viabilizar alternativa de encaminhamento de pedidos de acesso por meio de seus sítios oficiais na internet.

§ 3º São vedadas quaisquer exigências relativas aos motivos determinantes da solicitação de informações de interesse público.

**Art. 11.** O órgão ou entidade pública deverá autorizar ou conceder o acesso imediato à informação disponível.

§ 1º Não sendo possível conceder o acesso imediato, na forma disposta no *caput*, o órgão ou entidade que receber o pedido deverá, em prazo não superior a 20 (vinte) dias:

I – comunicar a data, local e modo para se realizar a consulta, efetuar a reprodução ou obter a certidão;

II – indicar as razões de fato ou de direito da recusa, total ou parcial, do acesso pretendido; ou

III – comunicar que não possui a informação, indicar, se for do seu conhecimento, o órgão ou a entidade que a detém, ou, ainda, remeter o requerimento a esse órgão ou entidade, cientificando o interessado da remessa de seu pedido de informação.

§ 2º O prazo referido no § 1º poderá ser prorrogado por mais 10 (dez) dias, mediante justificativa expressa, da qual será cientificado o requerente.

§ 3º Sem prejuízo da segurança e da proteção das informações e do cumprimento da legislação aplicável, o órgão ou entidade poderá oferecer meios para que o próprio requerente possa pesquisar a informação de que necessitar.

§ 4º Quando não for autorizado o acesso por se tratar de informação total ou parcialmente sigilosa, o requerente deverá ser informado sobre a possibilidade de recurso, prazos e condições para sua interposição, devendo, ainda, ser-lhe indicada a autoridade competente para sua apreciação.

§ 5º A informação armazenada em formato digital será fornecida nesse formato, caso haja anuência do requerente.

§ 6º Caso a informação solicitada esteja disponível ao público em formato impresso, eletrônico ou em qualquer outro meio de acesso universal, serão informados ao requerente, por escrito, o lugar e a forma pela qual se poderá consultar, obter ou reproduzir a referida informação, procedimento esse que desonerará o órgão ou entidade pública da obrigação de seu fornecimento direto, salvo se o requerente declarar não dispor de meios para realizar por si mesmo tais procedimentos.

**Art. 12.** O serviço de busca e fornecimento da informação é gratuito, salvo nas hipóteses de reprodução de documentos pelo órgão ou entidade pública consultada, situação em que poderá ser cobrado exclusivamente o valor necessário ao ressarcimento do custo dos serviços e dos materiais utilizados.

Parágrafo único. Estará isento de ressarcir os custos previstos no *caput* todo aquele cuja situação econômica não lhe permita fazê-lo sem prejuízo do sustento próprio ou da família, declarada nos termos da Lei nº 7.115, de 29 de agosto de 1983.

**Art. 13.** Quando se tratar de acesso à informação contida em documento cuja manipulação possa prejudicar sua integridade, deverá ser oferecida a consulta de cópia, com certificação de que esta confere com o original.

Parágrafo único. Na impossibilidade de obtenção de cópias, o interessado poderá solicitar que, a suas expensas e sob supervisão de servidor público, a reprodução seja feita por outro meio que não ponha em risco a conservação do documento original.

**Art. 14.** É direito do requerente obter o inteiro teor de decisão de negativa de acesso, por certidão ou cópia.

### Seção II
### Dos Recursos

**Art. 15.** No caso de indeferimento de acesso a informações ou às razões da negativa do acesso, poderá o interessado interpor recurso contra a decisão no prazo de 10 (dez) dias a contar da sua ciência.

Parágrafo único. O recurso será dirigido à autoridade hierarquicamente superior à que exarou a decisão impugnada, que deverá se manifestar no prazo de 5 (cinco) dias.

**Art. 16.** Negado o acesso a informação pelos órgãos ou entidades do Poder Executivo Federal, o requerente poderá recorrer à Controladoria-Geral da União, que deliberará no prazo de 5 (cinco) dias se:

I – o acesso à informação não classificada como sigilosa for negado;

II – a decisão de negativa de acesso à informação total ou parcialmente classificada como sigilosa não indicar a autoridade classificadora ou a hierarquicamente superior a quem possa ser dirigido pedido de acesso ou desclassificação;

III – os procedimentos de classificação de informação sigilosa estabelecidos nesta Lei não tiverem sido observados; e

IV – estiverem sendo descumpridos prazos ou outros procedimentos previstos nesta Lei.

§ 1º O recurso previsto neste artigo somente poderá ser dirigido à Controladoria-Geral da União depois de submetido à apreciação de pelo menos uma autoridade hierarquicamente superior àquela que exarou a decisão impugnada, que deliberará no prazo de 5 (cinco) dias.

§ 2º Verificada a procedência das razões do recurso, a Controladoria-Geral da União determinará ao órgão ou entidade que adote as providências necessárias para dar cumprimento ao disposto nesta Lei.

§ 3º Negado o acesso à informação pela Controladoria-Geral da União, poderá ser interposto recurso à Comissão Mista de Reavaliação de Informações, a que se refere o art. 35.

**Art. 17.** No caso de indeferimento de pedido de desclassificação de informação protocolado em órgão da administração pública federal, poderá o requerente recorrer ao Ministro de Estado da área, sem prejuízo das competências da Comissão Mista de Reavaliação de Informações, previstas no art. 35, e do disposto no art. 16.

§ 1º O recurso previsto neste artigo somente poderá ser dirigido às autoridades mencionadas depois de submetido à apreciação de pelo menos uma autoridade hierarquicamente superior à autoridade que exarou a decisão impugnada e, no caso das Forças Armadas, ao respectivo Comando.

§ 2º Indeferido o recurso previsto no *caput* que tenha como objeto a desclassificação de informação secreta ou ultrassecreta, caberá recurso à Comissão Mista de Reavaliação de Informações prevista no art. 35.

**Art. 18.** Os procedimentos de revisão de decisões denegatórias proferidas no recurso previsto no art. 15 e de revisão de classificação de documentos sigilosos serão objeto de regulamentação própria dos Poderes Legislativo e Judiciário e do Ministério Público, em seus respectivos âmbitos, assegurado ao solicitante, em qualquer caso, o direito de ser informado sobre o andamento de seu pedido.

**Art. 19.** (VETADO).

§ 1º (VETADO).

§ 2º Os órgãos do Poder Judiciário e do Ministério Público informarão ao Conselho Nacional de Justiça e ao Conselho Nacional do Ministério Público, respectivamente, as decisões que, em grau de recurso, negarem acesso a informações de interesse público.

**Art. 20.** Aplica-se subsidiariamente, no que couber, a Lei nº 9.784, de 29 de janeiro de 1999, ao procedimento de que trata este Capítulo.

## CAPÍTULO IV

## DAS RESTRIÇÕES DE ACESSO À INFORMAÇÃO

### Seção I

### Disposições Gerais

**Art. 21.** Não poderá ser negado acesso à informação necessária à tutela judicial ou administrativa de direitos fundamentais.

Parágrafo único. As informações ou documentos que versem sobre condutas que impliquem violação dos direitos humanos praticada por agentes públicos ou a mando de autoridades públicas não poderão ser objeto de restrição de acesso.

**Art. 22.** O disposto nesta Lei não exclui as demais hipóteses legais de sigilo e de segredo de justiça nem as hipóteses de segredo industrial decorrentes da exploração direta de atividade econômica pelo Estado ou por pessoa física ou entidade privada que tenha qualquer vínculo com o poder público.

### Seção II

### Da Classificação da Informação quanto ao Grau e Prazos de Sigilo

**Art. 23.** São consideradas imprescindíveis à segurança da sociedade ou do Estado e, portanto, passíveis de classificação as informações cuja divulgação ou acesso irrestrito possam:

I – pôr em risco a defesa e a soberania nacionais ou a integridade do território nacional;

II – prejudicar ou pôr em risco a condução de negociações ou as relações internacionais do País, ou as que tenham sido fornecidas em caráter sigiloso por outros Estados e organismos internacionais;

III – pôr em risco a vida, a segurança ou a saúde da população;

IV – oferecer elevado risco à estabilidade financeira, econômica ou monetária do País;

V – prejudicar ou causar risco a planos ou operações estratégicos das Forças Armadas;

VI – prejudicar ou causar risco a projetos de pesquisa e desenvolvimento científico ou tecnológico, assim como a sistemas, bens, instalações ou áreas de interesse estratégico nacional;

VII – pôr em risco a segurança de instituições ou de altas autoridades nacionais ou estrangeiras e seus familiares; ou

VIII – comprometer atividades de inteligência, bem como de investigação ou fiscalização em andamento, relacionadas com a prevenção ou repressão de infrações.

**Art. 24.** A informação em poder dos órgãos e entidades públicas, observado o seu teor e em razão de sua imprescindibilidade à segurança da sociedade ou do Estado, poderá ser classificada como ultrassecreta, secreta ou reservada.

§ 1º Os prazos máximos de restrição de acesso à informação, conforme a classificação prevista no *caput*, vigoram a partir da data de sua produção e são os seguintes:

I – ultrassecreta: 25 (vinte e cinco) anos;

II – secreta: 15 (quinze) anos; e

III – reservada: 5 (cinco) anos.

§ 2º As informações que puderem colocar em risco a segurança do Presidente e Vice-Presidente da República e respectivos cônjuges e filhos(as) serão classificadas como reservadas e ficarão sob sigilo até o término do mandato em exercício ou do último mandato, em caso de reeleição.

§ 3º Alternativamente aos prazos previstos no § 1º, poderá ser estabelecida como termo final de restrição de acesso a ocorrência de determinado evento, desde que este ocorra antes do transcurso do prazo máximo de classificação.

§ 4º Transcorrido o prazo de classificação ou consumado o evento que defina o seu termo final, a informação tornar-se-á, automaticamente, de acesso público.

§ 5º Para a classificação da informação em determinado grau de sigilo, deverá ser observado o interesse público da informação e utilizado o critério menos restritivo possível, considerados:

I – a gravidade do risco ou dano à segurança da sociedade e do Estado; e

II – o prazo máximo de restrição de acesso ou o evento que defina seu termo final.

## Seção III

## Da Proteção e do Controle de Informações Sigilosas

**Art. 25.** É dever do Estado controlar o acesso e a divulgação de informações sigilosas produzidas por seus órgãos e entidades, assegurando a sua proteção.

§ 1º O acesso, a divulgação e o tratamento de informação classificada como sigilosa ficarão restritos a pessoas que tenham necessidade de conhecê-la e que sejam devidamente credenciadas na forma do regulamento, sem prejuízo das atribuições dos agentes públicos autorizados por lei.

§ 2º O acesso à informação classificada como sigilosa cria a obrigação para aquele que a obteve de resguardar o sigilo.

§ 3º Regulamento disporá sobre procedimentos e medidas a serem adotados para o tratamento de informação sigilosa, de modo a protegê-la contra perda, alteração indevida, acesso, transmissão e divulgação não autorizados.

**Art. 26.** As autoridades públicas adotarão as providências necessárias para que o pessoal a elas subordinado hierarquicamente conheça as normas e observe as medidas e procedimentos de segurança para tratamento de informações sigilosas.

Parágrafo único. A pessoa física ou entidade privada que, em razão de qualquer vínculo com o poder público, executar atividades de tratamento de informações sigilosas adotará as providências necessárias para que seus empregados, prepostos ou representantes observem as medidas e procedimentos de segurança das informações resultantes da aplicação desta Lei.

## Seção IV

## Dos Procedimentos de Classificação, Reclassificação e Desclassificação

**Art. 27.** A classificação do sigilo de informações no âmbito da administração pública federal é de competência:

I – no grau de ultrassecreto, das seguintes autoridades:

a) Presidente da República;

b) Vice-Presidente da República;

c) Ministros de Estado e autoridades com as mesmas prerrogativas;

d) Comandantes da Marinha, do Exército e da Aeronáutica; e

e) Chefes de Missões Diplomáticas e Consulares permanentes no exterior;

II – no grau de secreto, das autoridades referidas no inciso I, dos titulares de autarquias, fundações ou empresas públicas e sociedades de economia mista; e

III – no grau de reservado, das autoridades referidas nos incisos I e II e das que exerçam funções de direção, comando ou chefia, nível DAS 101.5, ou superior, do Grupo-Direção e Assessoramento Superiores, ou de hierarquia equivalente, de acordo com regulamentação específica de cada órgão ou entidade, observado o disposto nesta Lei.

§ 1º A competência prevista nos incisos I e II, no que se refere à classificação como ultrassecreta e secreta, poderá ser delegada pela autoridade responsável a agente público, inclusive em missão no exterior, vedada a subdelegação.

§ 2º A classificação de informação no grau de sigilo ultrassecreto pelas autoridades previstas nas alíneas "d" e "e" do inciso I deverá ser ratificada pelos respectivos Ministros de Estado, no prazo previsto em regulamento.

§ 3º A autoridade ou outro agente público que classificar informação como ultrassecreta deverá encaminhar a decisão de que trata o art. 28 à Comissão Mista de Reavaliação de Informações, a que se refere o art. 35, no prazo previsto em regulamento.

**Art. 28.** A classificação de informação em qualquer grau de sigilo deverá ser formalizada em decisão que conterá, no mínimo, os seguintes elementos:

I – assunto sobre o qual versa a informação;

II – fundamento da classificação, observados os critérios estabelecidos no art. 24;

III – indicação do prazo de sigilo, contado em anos, meses ou dias, ou do evento que defina o seu termo final, conforme limites previstos no art. 24; e

IV – identificação da autoridade que a classificou.

Parágrafo único. A decisão referida no *caput* será mantida no mesmo grau de sigilo da informação classificada.

**Art. 29.** A classificação das informações será reavaliada pela autoridade classificadora ou por autoridade hierarquicamente superior, mediante provocação ou de ofício, nos termos e prazos previstos em regulamento, com vistas à sua desclassificação ou à redução do prazo de sigilo, observado o disposto no art. 24.

§ 1º O regulamento a que se refere o *caput* deverá considerar as peculiaridades das informações produzidas no exterior por autoridades ou agentes públicos.

§ 2º Na reavaliação a que se refere o *caput*, deverão ser examinadas a permanência dos motivos do sigilo e a possibilidade de danos decorrentes do acesso ou da divulgação da informação.

§ 3º Na hipótese de redução do prazo de sigilo da informação, o novo prazo de restrição manterá como termo inicial a data da sua produção.

**Art. 30.** A autoridade máxima de cada órgão ou entidade publicará, anualmente, em sítio à disposição na internet e destinado à veiculação de dados e informações administrativas, nos termos de regulamento:

I – rol das informações que tenham sido desclassificadas nos últimos 12 (doze) meses;

II – rol de documentos classificados em cada grau de sigilo, com identificação para referência futura;

III – relatório estatístico contendo a quantidade de pedidos de informação recebidos, atendidos e indeferidos, bem como informações genéricas sobre os solicitantes.

§ 1º Os órgãos e entidades deverão manter exemplar da publicação prevista no *caput* para consulta pública em suas sedes.

§ 2º Os órgãos e entidades manterão extrato com a lista de informações classificadas, acompanhadas da data, do grau de sigilo e dos fundamentos da classificação.

### Seção V
### Das Informações Pessoais

**Art. 31.** O tratamento das informações pessoais deve ser feito de forma transparente e com respeito à intimidade, vida privada, honra e imagem das pessoas, bem como às liberdades e garantias individuais.

§ 1º As informações pessoais, a que se refere este artigo, relativas à intimidade, vida privada, honra e imagem:

I – terão seu acesso restrito, independentemente de classificação de sigilo e pelo prazo máximo de 100 (cem) anos a contar da sua data de produção, a agentes públicos legalmente autorizados e à pessoa a que elas se referirem; e

II – poderão ter autorizada sua divulgação ou acesso por terceiros diante de previsão legal ou consentimento expresso da pessoa a que elas se referirem.

§ 2º Aquele que obtiver acesso às informações de que trata este artigo será responsabilizado por seu uso indevido.

§ 3º O consentimento referido no inciso II do § 1º não será exigido quando as informações forem necessárias:

I – à prevenção e diagnóstico médico, quando a pessoa estiver física ou legalmente incapaz, e para utilização única e exclusivamente para o tratamento médico;

II – à realização de estatísticas e pesquisas científicas de evidente interesse público ou geral, previstos em lei, sendo vedada a identificação da pessoa a que as informações se referirem;

III – ao cumprimento de ordem judicial;

IV – à defesa de direitos humanos; ou

V – à proteção do interesse público e geral preponderante.

§ 4º A restrição de acesso à informação relativa à vida privada, honra e imagem de pessoa não poderá ser invocada com o intuito de prejudicar processo de apuração de irregularidades em que o titular das informações estiver envolvido, bem como em ações voltadas para a recuperação de fatos históricos de maior relevância.

§ 5º Regulamento disporá sobre os procedimentos para tratamento de informação pessoal.

## CAPÍTULO V
## DAS RESPONSABILIDADES

**Art. 32.** Constituem condutas ilícitas que ensejam responsabilidade do agente público ou militar:

I – recusar-se a fornecer informação requerida nos termos desta Lei, retardar deliberadamente o seu fornecimento ou fornecê-la intencionalmente de forma incorreta, incompleta ou imprecisa;

II – utilizar indevidamente, bem como subtrair, destruir, inutilizar, desfigurar, alterar ou ocultar, total ou parcialmente, informação que se encontre sob sua guarda ou a que tenha acesso ou conhecimento em razão do exercício das atribuições de cargo, emprego ou função pública;

III – agir com dolo ou má-fé na análise das solicitações de acesso à informação;

IV – divulgar ou permitir a divulgação ou acessar ou permitir acesso indevido à informação sigilosa ou informação pessoal;

V – impor sigilo à informação para obter proveito pessoal ou de terceiro, ou para fins de ocultação de ato ilegal cometido por si ou por outrem;

VI – ocultar da revisão de autoridade superior competente informação sigilosa para beneficiar a si ou a outrem, ou em prejuízo de terceiros; e

VII – destruir ou subtrair, por qualquer meio, documentos concernentes a possíveis violações de direitos humanos por parte de agentes do Estado.

§ 1º Atendido o princípio do contraditório, da ampla defesa e do devido processo legal, as condutas descritas no *caput* serão consideradas:

I – para fins dos regulamentos disciplinares das Forças Armadas, transgressões militares médias ou graves, segundo os critérios neles estabelecidos, desde que não tipificadas em lei como crime ou contravenção penal; ou

II – para fins do disposto na Lei nº 8.112, de 11 de dezembro de 1990, e suas alterações, infrações administrativas, que deverão ser apenadas, no mínimo, com suspensão, segundo os critérios nela estabelecidos.

§ 2º Pelas condutas descritas no *caput*, poderá o militar ou agente público responder, também, por improbidade administrativa, conforme o disposto nas Leis nºs 1.079, de 10 de abril de 1950, e 8.429, de 2 de junho de 1992.

**Art. 33.** A pessoa física ou entidade privada que detiver informações em virtude de vínculo de qualquer natureza com o poder público e deixar de observar o disposto nesta Lei estará sujeita às seguintes sanções:

I – advertência;

II – multa;

III – rescisão do vínculo com o poder público;

IV – suspensão temporária de participar em licitação e impedimento de contratar com a administração pública por prazo não superior a 2 (dois) anos; e

V – declaração de inidoneidade para licitar ou contratar com a administração pública, até que seja promovida a reabilitação perante a própria autoridade que aplicou a penalidade.

§ 1º As sanções previstas nos incisos I, III e IV poderão ser aplicadas juntamente com a do inciso II, assegurado o direito de defesa do interessado, no respectivo processo, no prazo de 10 (dez) dias.

§ 2º A reabilitação referida no inciso V será autorizada somente quando o interessado efetivar o ressarcimento ao órgão ou entidade dos prejuízos resultantes e após decorrido o prazo da sanção aplicada com base no inciso IV.

§ 3º A aplicação da sanção prevista no inciso V é de competência exclusiva da autoridade máxima do órgão ou entidade pública, facultada a defesa do interessado, no respectivo processo, no prazo de 10 (dez) dias da abertura de vista.

**Art. 34.** Os órgãos e entidades públicas respondem diretamente pelos danos causados em decorrência da divulgação não autorizada ou utilização indevida de informações sigilosas ou informações pessoais, cabendo a apuração de responsabilidade funcional nos casos de dolo ou culpa, assegurado o respectivo direito de regresso.

Parágrafo único. O disposto neste artigo aplica-se à pessoa física ou entidade privada que, em virtude de vínculo de qualquer natureza com órgãos ou entidades, tenha acesso a informação sigilosa ou pessoal e a submeta a tratamento indevido.

## CAPÍTULO VI
## DISPOSIÇÕES FINAIS E TRANSITÓRIAS

**Art. 35.** (VETADO).

§ 1º É instituída a Comissão Mista de Reavaliação de Informações, que decidirá, no âmbito da administração pública federal, sobre o tratamento e a classificação de informações sigilosas e terá competência para:

I – requisitar da autoridade que classificar informação como ultrassecreta e secreta esclarecimento ou conteúdo, parcial ou integral da informação;

II – rever a classificação de informações ultrassecretas ou secretas, de ofício ou mediante provocação de pessoa interessada, observado o disposto no art. 7º e demais dispositivos desta Lei; e

III – prorrogar o prazo de sigilo de informação classificada como ultrassecreta, sempre por prazo determinado, enquanto o seu acesso ou divulgação puder ocasionar ameaça externa à soberania nacional ou à integridade do território nacional ou grave risco às relações internacionais do País, observado o prazo previsto no § 1º do art. 24.

§ 2º O prazo referido no inciso III é limitado a uma única renovação.

§ 3º A revisão de ofício a que se refere o inciso II do § 1º deverá ocorrer, no máximo, a cada 4 (quatro) anos, após a reavaliação prevista no art. 39, quando se tratar de documentos ultrassecretos ou secretos.

§ 4º A não deliberação sobre a revisão pela Comissão Mista de Reavaliação de Informações nos prazos previstos no § 3º implicará a desclassificação automática das informações.

§ 5º Regulamento disporá sobre a composição, organização e funcionamento da Comissão Mista de Reavaliação de Informações, observado o mandato de 2 (dois) anos para seus integrantes e demais disposições desta Lei.

**Art. 36.** O tratamento de informação sigilosa resultante de tratados, acordos ou atos internacionais atenderá às normas e recomendações constantes desses instrumentos.

**Art. 37.** É instituído, no âmbito do Gabinete de Segurança Institucional da Presidência da República, o Núcleo de Segurança e Credenciamento (NSC), que tem por objetivos:

I – promover e propor a regulamentação do credenciamento de segurança de pessoas físicas, empresas, órgãos e entidades para tratamento de informações sigilosas; e

II – garantir a segurança de informações sigilosas, inclusive aquelas provenientes de países ou organizações internacionais com os quais a República Federativa do Brasil tenha firmado tratado, acordo, contrato ou qualquer outro ato internacional, sem prejuízo das atribuições do Ministério das Relações Exteriores e dos demais órgãos competentes.

Parágrafo único. Regulamento disporá sobre a composição, organização e funcionamento do NSC.

**Art. 38.** Aplica-se, no que couber, a Lei nº 9.507, de 12 de novembro de 1997, em relação à informação de pessoa, física ou jurídica, constante de registro ou banco de dados de entidades governamentais ou de caráter público.

**Art. 39.** Os órgãos e entidades públicas deverão proceder à reavaliação das informações classificadas como ultrassecretas e secretas no prazo máximo de 2 (dois) anos, contado do termo inicial de vigência desta Lei.

§ 1º A restrição de acesso a informações, em razão da reavaliação prevista no *caput*, deverá observar os prazos e condições previstos nesta Lei.

§ 2º No âmbito da administração pública federal, a reavaliação prevista no *caput* poderá ser revista, a qualquer tempo, pela Comissão Mista de Reavaliação de Informações, observados os termos desta Lei.

§ 3º Enquanto não transcorrido o prazo de reavaliação previsto no *caput*, será mantida a classificação da informação nos termos da legislação precedente.

§ 4º As informações classificadas como secretas e ultrassecretas não reavaliadas no prazo previsto no *caput* serão consideradas, automaticamente, de acesso público.

**Art. 40.** No prazo de 60 (sessenta) dias, a contar da vigência desta Lei, o dirigente máximo de cada órgão ou entidade da administração pública federal direta e indireta designará autoridade que lhe seja diretamente subordinada para, no âmbito do respectivo órgão ou entidade, exercer as seguintes atribuições:

I – assegurar o cumprimento das normas relativas ao acesso a informação, de forma eficiente e adequada aos objetivos desta Lei;

II – monitorar a implementação do disposto nesta Lei e apresentar relatórios periódicos sobre o seu cumprimento;

III – recomendar as medidas indispensáveis à implementação e ao aperfeiçoamento das normas e procedimentos necessários ao correto cumprimento do disposto nesta Lei; e

IV – orientar as respectivas unidades no que se refere ao cumprimento do disposto nesta Lei e seus regulamentos.

**Art. 41.** O Poder Executivo Federal designará órgão da administração pública federal responsável:

I – pela promoção de campanha de abrangência nacional de fomento à cultura da transparência na administração pública e conscientização do direito fundamental de acesso à informação;

II – pelo treinamento de agentes públicos no que se refere ao desenvolvimento de práticas relacionadas à transparência na administração pública;

III – pelo monitoramento da aplicação da lei no âmbito da administração pública federal, concentrando e consolidando a publicação de informações estatísticas relacionadas no art. 30;

IV – pelo encaminhamento ao Congresso Nacional de relatório anual com informações atinentes à implementação desta Lei.

**Art. 42.** O Poder Executivo regulamentará o disposto nesta Lei no prazo de 180 (cento e oitenta) dias a contar da data de sua publicação.

**Art. 43.** O inciso VI do art. 116 da Lei nº 8.112, de 11 de dezembro de 1990, passa a vigorar com a seguinte redação:

"Art. 116. ..........................................................................................

..........................................................................................................

VI – levar as irregularidades de que tiver ciência em razão do cargo ao conhecimento da autoridade superior ou, quando houver suspeita de envolvimento desta, ao conhecimento de outra autoridade competente para apuração;

......................................................................................................" (NR)

**Art. 44.** O Capítulo IV do Título IV da Lei nº 8.112, de 1990, passa a vigorar acrescido do seguinte art. 126-A:

"Art. 126-A. Nenhum servidor poderá ser responsabilizado civil, penal ou administrativamente por dar ciência à autoridade superior ou, quando houver suspeita de envolvimento desta, a outra autoridade competente para apuração de informação concernente à prática de crimes ou improbidade de que tenha conhecimento, ainda que em decorrência do exercício de cargo, emprego ou função pública."

**Art. 45.** Cabe aos Estados, ao Distrito Federal e aos Municípios, em legislação própria, obedecidas as normas gerais estabelecidas nesta Lei, definir regras específicas, especialmente quanto ao disposto no art. 9º e na Seção II do Capítulo III.

**Art. 46.** Revogam-se:

I - a Lei nº 11.111, de 5 de maio de 2005; e

II - os arts. 22 a 24 da Lei nº 8.159, de 8 de janeiro de 1991.

**Art. 47.** Esta Lei entra em vigor 180 (cento e oitenta) dias após a data de sua publicação.

Brasília, 18 de novembro de 2011;
190º da Independência e 123º da República.

DILMA ROUSSEFF
*José Eduardo Cardoso*
*Celso Luiz Nunes Amorim*
*Antonio de Aguiar Patriota*
*Miriam Belchior*
*Paulo Bernardo Silva*
*Gleisi Hoffmann*
*José Elito Carvalho Siqueira*
*Helena Chagas*
*Luís Inácio Lucena Adams*
*Jorge Hage Sobrinho*
*Maria do Rosário Nunes*

# REFERÊNCIAS

ASSOCIAÇÃO BRASILEIRA DE NORMAS TÉCNICAS (ABNT) – NORMA TÉCNICA BRASILEIRA (NBR) – ORGANIZATION OF STANDARDIZATION (ISO)/ INTERNATIONAL ELECTROTECHNICAL COMMISSION (IEC). Disponível em: http://www.abnt.org.br/abnt/conheca-a-abnt. Acesso em: 23 dez. 2020.

ASSOCIAÇÃO BRASILEIRA DE ANUNCIANTES (ABA). **Manual ABA para adequação à LGPD**: orientações e boas práticas de governança de dados para publicitários. Disponível em: <http://aba.com.br/wp-content/uploads/2020/07/Manual_LGPD_04_junho.pdf>. Acesso em: 23 dez. 2020.

BIONI, Bruno Ricardo. **Proteção de dados pessoais**: a função e os limites do consentimento. Rio de Janeiro: Forense, 2018.

BITTAR FILHO, Carlos Alberto. Da existência, validade, vigência e eficácia da lei no sistema brasileiro atual. **Revista dos Tribunais**, São Paulo, v. 683, set. 1992.

BORELLI, Alessandra; OLIVEIRA, Caio; MENDONÇA, Helena C. F. Coelho. Impactos da nova Lei de Proteção de Dados Pessoais nas instituições de ensino. **Escola Particular**, n. 249, ano 22, p. 4-10, dez. 2018 Disponível em: <http://www.sieeesp.org.br/uploads/sieeesp/imagens/revista/revista_249.pdf>. Acesso em: 12 nov. 2020.

BRASIL. Ministério da Economia. **Oficina Dirigida**: Relatório de Impacto à Proteção de Dados Pessoais – RIPD. Secretaria de Governo Digital, dez. 2020. Disponível em: <https://www.gov.br/governodigital/pt-br/governanca-de-dados/apresentacao-oficina_ripd_v2.pdf>. Acesso em: 4 jan. 2021.

BUCHAIN, Luiz Carlos. A Lei Geral de Proteção de Dados: noções gerais. **Revista dos Tribunais**, São Paulo, v. 1.010, p. 209-229, dez. 2019. Versão *on-line*. Disponível em: <https://revistadostribunais.com.br/maf/app/delivery/offload/get?_=1587909497755>. Acesso em: 28 dez. 2020.

CHAVES, Luis Fernando Prado. Responsável pelo tratamento, subcontratante e DPO. In: MALDONADO, Viviane Nóbrega; BLUM, Renato Opice. **Comentário ao GDPR**. São Paulo: Ed. RT, 2018.

DONEDA, Danilo. Princípios da proteção de dados pessoais. In: DE LUCCA, Newton; SIMÃO FILHO, Adalberto; LIMA, Cíntia Rosa Pereira de (Coord.). **Direito & Internet III**: Marco Civil da Internet – Lei nº 12.965/2014. São Paulo: Quartier Latin, 2015. t. I.

EDITOR CM. LGPD: as diferenças entre o *privacy by design* e o *privacy by default*. **Consumidor Moderno**, 27 maio 2019. Disponível em: <https://www.consumidormoderno.com.br/2019/05/27/lgpd-diferencas-privacy-design-privacy-default/>. Acesso em: 4 jan. 2021.

FRAZÃO, Ana; TEPEDINO, Gustavo; OLIVIA, Milena Donato. **A Lei Geral de Proteção de Dados Pessoais e suas repercussões no Direito brasileiro**. São Paulo: Ed. RT, 2019.

GUTIERREZ, Andrei. Transferência internacional de dado e estratégias de desenvolvimento nacional. In: MALDONADO, Viviane Nóbrega; BLUM, Renato Opice. **Comentário ao GDPR**. São Paulo: Ed. RT, 2018.

LEONARDI, Marcel. **Tutela e privacidade na internet**. São Paulo: Saraiva, 2011.

MACHADO, Joana de Moraes Souza. A expansão do conceito de privacidade e a evolução na tecnologia de informação com o surgimento dos bancos de dados. **Revista da AJURIS**, v. 41, n. 134, p. 337-363, jun. 2014. Disponível em: <https://egov.ufsc.br/portal/sites/default/files/206-263-1-sm.pdf>. Acesso em: 9 nov. 2020.

MACIEL, Rafael Fernandes. **Manual Prático sobre a Lei Geral de Proteção de Dados Pessoais**: Lei nº 13.709/18. Goiânia: RM Digital Education, 2019. *E-book*.

MENDES, Laura Schertel. **Privacidade, proteção de dados e defesa do consumidor**: linhas gerais de um novo direito fundamental. São Paulo: Saraiva, 2014.

NORTEGUBISIAN. **O que é melhoria contínua e quais são as suas etapas**. Disponível em: <https://www.nortegubisian.com.br/blog/o-que-e-melhoria-continua-e-quais-sao-as-suas-etapas>. Acesso em: 4 jan. 2021.

OPICE BLUM. **Melhores práticas de governança e conformidade com a LGPD**. São Paulo: Opice Blum, 2020. *E-book*. Disponível em: <https://opiceblumacademy.com.br/wp-content/uploads/2020/02/lgpd-governanca-melhores-praticas.pdf>. Acesso em: 23 dez. 2020.

OSTEC. **O que significa "privacy by design" e qual a relação com a LGPD**. Disponível em: <https://ostec.blog/geral/privacy-by-design/>. Acesso em: 4 jan. 2021.

PAESANI, Liliana Minardi. **Direito e internet**: liberdade de informação, privacidade e responsabilidade civil. 7. ed. São Paulo: Atlas, 2014.

PALHARES, Felipe. O Relatório de Impacto à Proteção de Dados Pessoais. In: MALDONADO, Viviane Nóbrega. **LGPD**: Lei Geral de Proteção de Dados Pessoais: Manual de Implementação. São Paulo: Ed. RT, 2019.

PESTANA, Márcio. Os princípios no tratamento de dados na LGPD. **Consultor Jurídico**, 25 maio 2020. Disponível em: <https://www.conjur.com.br/dl/artigo-marcio-pestana-lgpd.pdf>. Acesso em: 10 nov. 2020.

ROSSETI, José Paschoal; ANDRADE, Adriana. **Governança corporativa**: fundamentos, desenvolvimento e tendências. 7. ed. São Paulo: Atlas, 2014.

RUIZ, Evandro Eduardo Seron. Anonimização, pseudonimização e desanonimização de dados pessoais. In: LIMA, Cíntia Rosa Pereira de. **Comentários à Lei Geral de Proteção de dados**: Lei nº 13.709/2018, com alteração da Lei nº 13.853/2019. São Paulo: Almedina, 2020.

SARDETO, Patricia Eliane da Rosa. **Proteção de dados pessoais**: conhecendo e construindo uma nova realidade. Londrina: Gradual, 2011.

SILVA, Rafael Rodrigues da. Multa de R$ 50 milhões será aplicada às empresas que não se adequarem à LGPD. **Canaltech**, 10 out. 2020. Disponível em: <https://canaltech.com.br/legislacao/multa-de-r-50-milhoes-sera-aplicada-as-empresas-que-nao-se-adequarem-a-lgpd-124552/>. Acesso em: 23 dez. 2020.

SOMBRA, Thiago L.; CASTELLANO, Ana Carolina H. Plano de resposta a incidentes de segurança: reagindo rápido e de forma efetiva. **Revista do Advogado**, São Paulo, n. 144, nov. 2019.

TEIXEIRA, Tarcisio. **Direito Empresarial Sistematizado**: doutrina e prática. 2. ed. São Paulo: Saraiva, 2013.

TEIXEIRA, Tarcisio; ARMELIN, Ruth Maria Guerreiro da Fonseca. **Lei Geral de Proteção de dados pessoais**: comentada artigo por artigo. 2. ed. rev., atual. e ampl. Salvador: Editora JusPodivm, 2020.

VAINZOF, Rony. Dados pessoais, tratamento e princípios. In: MALDONADO, Viviane Nóbrega; BLUM, Renato Opice. **Comentários ao GDPR**. São Paulo: Ed. RT, 2018.